# 商品流通と駄賃稼ぎ

増田廣實

# はじめに

序章で述べるように、わが国における陸上輸送は、牛馬による駄送を主体に発達し、近世になりその最盛期を迎える。

それは全国的な商品流通の発達を背景とする輸送量の増大に支えられ、最も効率的な陸上輸送手段として人々の生活に深くかかわりをもってきた。しかし、このように盛行を極めた駄送の衰退は、幕末期から始まる街道での車の使用が直接的原因となり、やがて牛馬荷車が駄送にとって代わり、その後の鉄道の発達と自動車の普及とが、牛馬輸送そのものを全面的に消滅させていったことは周知のごとくである。

このように近世に盛行を極めた駄送であったが、水運に恵まれず平坦な道路に乏しい山間部では、人担や牛馬による駄送しかなかったから、駄送は最も重要な輸送手段であった。このような地域を代表する一つが本州中央内陸部であることから、本書ではこの地域での近世駄送について明らかにしていこうと考えた。以下その概要を示すと次のようである。

序章では、わが国での駄送の発達について概観し、それが近世商品経済の発展の中で広範にわたる駄賃稼ぎの輩出をもたらしたことを指摘した。

そしてつづく第一章では、本題とする本州中央内陸部での近世交通路と輸送について、富士川舟運を例に、そこでの駄送と舟運との関係とその特質について述べ、また駄賃稼ぎの輩出と宿場との関係についても、信州伊那谷の中馬や甲府柳町宿を例に述べた。

第二章では、ここ中央内陸部での商品流通の発達とこれにともなう駄賃稼ぎの盛行について、信州を中心にしてここから放射状に周辺各地に伸びる道筋に沿って述べた。その範囲はほぼ東は江戸、西は名古屋、南北は東海から日本海沿岸に達する地域に及んでいる。ここでは、とくに一八世紀半ば以降駄賃稼ぎの盛行が、幕府をしていわゆる「明和の裁許」をもって信州中馬の特権的活動を認めたことにふれたが、次の第三章ではこの裁許について詳述した。

第三章は、「明和の裁許」が信州全域各村を対象に、中馬村と中馬村での中馬頭数を定め、松本を中心に七方面にわたる道筋に沿って、中馬荷物とその品目別宿場口銭の決定を行った実態と、この裁許が本州中央内陸部各地に与えた影響について述べた。

第四章は、本州中央内陸部のうち甲府盆地西部から信州佐久・諏訪・伊那方面に連絡する甲州西部市場圏を対象に、一九世紀半ばにおける商品流通と駄賃稼ぎの実態を詳述した。その対象とした駿信往還荊沢宿問屋は、甲州道中韮崎宿から南下し、富士川青柳・鰍沢両河岸との中間に位置する。ここでは地域と富士川舟運とを結び、米・塩をはじめとする大量の「商い荷物」が往返する。このため荊沢問屋の諸帳簿類の分析は、当時の商品流通と駄賃稼ぎの実態を浮き彫りにし、駄賃稼ぎ個々人の実態をとらえることが可能であった。このような研究方法による成果は、駄賃稼ぎ個々人の記録などがきわめて乏しいだけに非常に興味深いものがある。またここでは、近世最大の商品である米について、その商品化を通して市場圏の構造と輸送について、その実態に即して知ることができた点、意義深いと考えている。

第五章と終章は、近世盛行を極めた駄送が、幕府による街道での車の使用許可――特に牛馬車の使用許可と、明治新政府による宿駅制の改変の中で、急速に力を失い陸運会社の許に組み込まれ、駄賃稼ぎが変質していった様子について述べた。

以上が本書の概要である。これでわかるように本書のキーワードを挙げるとすると、近世江戸時代・本州中央内陸部交通路・駄賃稼ぎ・商品流通などといったところであろうか。

本書をお読みいただいた方々に、少しでも新知見を得ていただけたら、著者としては得難い喜びである。

# 目次

# 商品流通と駄賃稼ぎ

# 序　章　わが国における駄送の発達

四周を海に囲まれ、平野部に乏しく山地が海に迫るわが国にあっては、早くから水上交通の発達を見たが、陸上交通は地勢上の制約から道路の発達が遅れ、その管理維持が不充分のままに車輌の使用が妨げられて、人担や牛馬背による駄送に依存しつづけてきた。

このような陸上交通における駄送依存の状況は、近世に至っても江戸など三都をはじめとする城下町などでは、車輌の使用は行われたものの、明治期に至り荷馬車などが普及していく時期まで一般的には変わらなかった。

近世街道筋での輸送車輌の使用例は、中世馬借・車借の伝統をもつ東海道大津・京都間の牛車のみといってよく、街道での車輌使用を禁じていた幕府が、諸街道でのその使用を許可するのは、文久二年（一八六二）のことであった。

この許可に先行して、嘉永三年（一八五〇）中山道垂井・今須宿では板車が、安政四年（一八五七）東海道二川・御油・赤坂・藤川宿では地車（小車）が、それぞれ使用許可されている。しかし、このように中山道・東海道をはじめとして街道一般に車輌使用が許可されても、幕府の許可と各街道での実際とは、道路状況の如何に関わる問題であって、その普及にはなお時間のかかったことはいうまでもない。

幕府は、その後慶応元年（一八六八）江戸で人車（人力車）使用を許可し、翌二年には五街道で荷物輸送のための馬車（荷馬車）の使用を許可している。このようにして、牛馬背による駄送に加え、牛馬の牽引する車輌の使用が始まったのである。

この車輌——とくに牛馬車の街道での使用許可は、従来の駄送に代わる画期的な意義をもち、その後の街道での車輌の普及はめざましいものがあったが、しかし、それはひとえに道路条件に左右された。とくに平坦地の乏しい山間部にあっては、その後もなお牛馬背による駄送が優位であり、とくに長距離輸送での駄送は、重要な輸送手段として鉄道の普及後までその地位を保ちつづけたのであった。

漢和辞典によれば、「駄」は「馱」を本字としており、ツクリとなっている「大」は「多」を表していて、馬の背に物を積み重ねた意であるという。したがって、馬などの積荷の意でもあり、馬上に人の乗る意でもある「騎」、あるいは馬に車を引かせる意をもつ「駕」に対する文字でもある。わが国では、馬の利用がはじめられて以来、「駕」の方法は未発達であったことは先述のようであるが、「騎」と「駄」は広く行われてきた。「騎」は貴族や武士といった特権的身分のステイタスシンボルでもあったが、「駄」は庶民生活と深く関わり、日常生活のさまざまな機会に目に触れ、体験するものであった。

わが国で公的に馬の使用が知られるのは、古くは大化二年（六四六）の大化改新の詔第二条にある駅馬・

伝馬設置の記事である。駅馬は主として緊急連絡や公文書の逓送といった通信業務のためのものであり、伝馬は公用旅行者の乗用に供するためのものであった。この駅馬・伝馬が制度化されて律令制に位置づけられたのは、飛鳥浄御原令による体系化の後成立した大宝元年（七〇一）の大宝律令であったとされている。

この律令制下での租庸調などの現物の貢納物は、運脚とよばれるものたちの背に担がれて京師に運ばれた。この運脚は、駅馬の乗用を許されず、功賃（駄賃）を払い人夫を雇って運ぶ「雇庸」が行われるようになっていった。この「雇庸」のための「駄馬」の積載量を二〇〇斤から一五〇斤に軽減したことが「続日本紀」天平一一年（七三九）四月の条に見える。また「駄賃」については、延長五年（九六七）施行の「延喜式」二六主税の条に京師への雑貢納品輸送の際のものが定められている。

これらの点から馬は、乗用とともに駄用としても早くから広範囲で利用され、「駄賃」収入を目的とした駄送も、律令制が変質してゆく過程で、平安時代初期以降しだいに行われはじめていたことがわかる。すでに九世紀以後班田制の崩壊と荘園制の発達する中で、貢納物は現地荘官から中央の本所・領家へ輸送されるようになり、貢納物の商品化も始まってくる。

この貢納物の商品化は、荘園制の発展と変質を促進し、市や座を生み、問丸・津屋などの発達による商業活動の隆盛をもたらし、輸送形態を大きく変え、輸送専門業者を輩出していった。それは、海上輸送の発達の中での港津の整備と問丸・津屋の活躍、また陸上輸送での馬借・車借や土倉などの活躍に見ることができる。

このように、古代律令制下での「貢納物」を主とした輸送は、中世になるとその比重を「商品」へと移し、近世への経済的発展の中でその質的変化を生んでいったが、しかし陸上輸送での牛馬背による「駄送」を中心とする輸送原則は変わらず、これが近世期を通して中心的役割を果たした。

近世幕藩体制確立の過程で、幕府は五街道をはじめとする全国主要道路とその脇往還に宿駅を起立し、伝馬制をもって陸上での公的交通運輸機構を設置し、諸藩もこれに倣い、独自な公的交通運輸機構を設けた。これに対し、海上では貢米輸送の必要などから沿岸交通運輸機構が発達し、この陸海の交通運輸機構は河川舟運の河口港などでリンクし、全国的な交通運輸網が成立した。

このような近世における全国的交通運輸網の必要性は、近世幕藩体制の社会経済構造に起因していた。それは、近世社会が米穀生産を軸とする自給自足的農業生産体制を基本とする反面、江戸をはじめ各地城下町に集住する領主・家臣団とその生活を支える商工業者（町人）のための商品流通を必要としていた。したがって、幕藩体制成立当初から城下町に集住する領主・家臣団は、その所領からの貢米を居住する江戸や城下町に輸送し、それを換金して生活必需品の購入にあてなければならず、そのために城下町には町人の集住も必要としていたのであった。いわゆる「米遣い」の経済体制が、近世社会の成立と表裏をなし、このことが全国的な貢米輸送と商品流通を活発化し、全国的交通運輸網を必要とした理由であった。

全国的交通運輸網の本務は、領主側の必要に応じた交通運輸のための「御用」を務めることであった。

これを運輸についてみるならば、領主の貢米や販売を目的とした諸藩専売品など、いわゆる諸種の「御用荷物」の輸送を役儀として負うことであった。このような役儀を負ったものは、陸上では公用継立てにあたる宿駅などの問屋や人馬役などの宿民であり、河川・海上では河岸や港津の問屋・船持ちなどであった。

これら「御用荷物」の輸送の役儀負担者は、その代償として領主側から「地子免除」・「役米支給」や日常での「稼ぎ」などの保護や特権を与えられていた。このうち日常的な「稼ぎ」の特権は、公用継立以外の諸荷物の継立特権として広く「商い荷物」一般に及ぶものであった。それは具体的には、陸上での「商い荷物」継立のための人馬賃銭・問屋の口銭・庭銭の徴収、馬役のものの駄賃稼ぎなど、あるいは河川・海上での問屋・船持ちの同じような多様な内容をもつ特権であった。

近世社会は、自給自足的生産体制を基本としながらも広範な商品流通を必要としたため、近世初期からこれら「商い荷物」の輸送に携わるものが輩出し、しだいに発展する商品流通とともに隆盛を誇るようになっていった。

そのような「商い荷物」輸送の主役は、牛馬背による駄送であったから、それに携わる専業的な駄賃稼ぎが、全国各地にみられるようになっていった。このような例として本州内陸部に発達した会津仲付駑者や信州中馬などがとくに有名であるが、農間余業としてのものまでその範囲を広げると、全国的に駄賃稼ぎのみられない所はなかったといえる。この駄賃稼ぎの者の業態はさまざまであり、これは近世社会に欠くことのできない存在として、その果たした役割はきわめて大きかった。このため駄賃稼ぎは、時として公的運輸交通機関であった宿駅と、対立と妥協を繰り返しつつ独自の発展をしていったのであった。

以下本書では、そうした近世の駄賃稼ぎたちの活躍について、甲信地域を中心とした本州中央内陸部での様子を見ていきたい。

# 第一章　近世本州中央内陸部の駄賃稼ぎ

## 一　交通路と河川水運

近世甲信地域を中心とした本州中央内陸部の交通路は、図1に見るように陸路に大きく依存しながら、一部河川舟運に連絡して機能していた。

この地域の交通路は、ほぼ東西に貫通する甲州道中とそれの結ぶ中山道を軸として、これと南北に交差する脇往還をもって太平洋・日本海両沿岸部に結んでいたと概観することができる。

まず主要道路である甲州道中と中山道についてみると、江戸から武州・相州を通り、甲州をほぼ東西に貫通する甲州道中は、信州下諏訪宿で中山道に連絡する。この中山道は江戸から武州・上州を通り、信州を東北から南西に横切り、木曽谷を経て濃州から江州・京都、あるいは尾州名古屋方面に向かい太平洋沿岸の東海道と結ぶ。またこの中山道は、信州東部の追分宿で北国街道に結び、越後高田を経て日本海沿岸

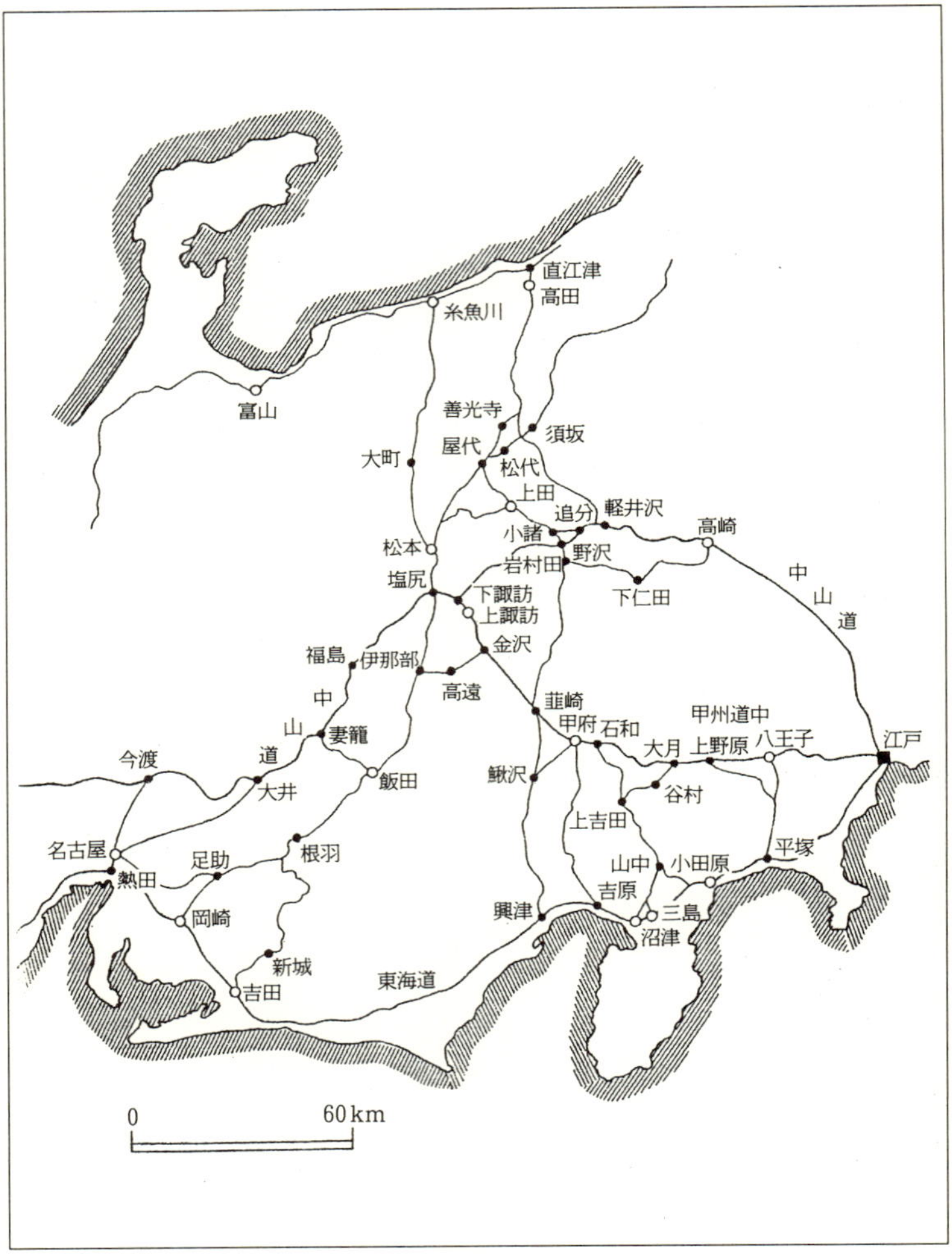


図１　近世本州中央内陸部主要交通路

に至る。

次に脇道については、主要なものだけでも多くの道筋を挙げることができる。まず甲州道中へは、武州八王子宿で中山道熊谷宿あるいは東海道藤沢・平塚宿など武相各地への脇道が交差している。この東海道藤沢・平塚宿からの津久井道は甲州道中上野原宿で、また東海道小田原・三島・沼津宿からの駿州東往還（鎌倉往還）は、須走から籠坂峠・御坂峠を越え甲州道中石和宿で、そして東海道吉原宿からの駿州中道往還は、富士山西麓本栖・精進湖畔を北上して甲府で、東海道岩渕・興津宿からの駿州往還は、富士川沿いを北上して甲府・韮崎宿でいずれも甲州道中に結ばれる。

甲州道中韮崎宿から北上する佐久往還は、八ヶ岳東麓を経て中山道岩村田宿、さらに北上して小諸宿で北国街道に結ばれる。この北国街道は、小諸宿の東追分宿で中山道と分かれ上田・善光寺を経て高田・今町（直江津）で日本海沿岸に至る。

一方中山道にも多くの脇道筋が関わる。まず東では、中山道高崎宿から分かれて浅間山北麓大笹を通る大笹街道は、仁礼・保科を経て善光寺で北国街道に結ぶ。また中山道塩尻・洗馬宿から松本を通り北上する善光寺道は、北国西街道ともよばれるように稲荷山を経て丹波島で北国街道に結ばれる。他方松本で分かれ大町を経て北上する糸魚川街道（千国街道）は、越後国糸魚川で北国街道に結ばれる。

これら北への道筋に対して南への道筋は三州往還とよばれ、中山道下諏訪・塩尻宿から分かれて南下し、それぞれ平出・南小野を経て合流し、天竜川沿いに伊那部・飯田を通り根羽で分岐し、新城から東海道吉田宿、また東海道岡崎宿や名古屋方面に達している。他方この三州往還に結ぶ重要な脇道としては、甲州道中からは金沢・上諏訪宿で分かれ高遠を経て伊那部への高遠道、中山道からは妻篭宿から分かれ飯田と結ぶ清内路道と大平越えの道も重要な道筋であった。

以上この地域の主要な陸路についてみたが、駄賃稼ぎの中馬などは、実際は「馬の通れる所ならどこでも通った」といわれるように、想像以上に多様な道筋が使われたが、その多様な道筋と結ぶ河川舟運は、きわめて限られたものであった。このような例は全国的にみることができるが、特に本州中央内陸部にそうした例が顕著である。中でも信州は信濃川・天竜川・木曽川など長大河川の源流地域に位置し、海岸線から最奥にあり、これら河川を溯航して牛馬背を利用する輸送方法がとられ、この河谷をたどる路が商品流通路として古くから利用されてきたのであったが、いずれも河川舟運の利用は、限られたものであった。

この内陸部における商品流通の展開は、塩の移入と領主米の移出を契機として起こり、地域的規模から全国的規模へと拡大していった。塩と米という重量貨物の輸送には、内陸水運の利用を必要としたが、河川の溯航終点の河岸場から内陸各地との間は牛馬背輸送によらなくてはならず、内陸への輸送は水運と牛馬背との連絡によって果たされていた。そして、この輸送路は多くの場合領主的保護の下で商品流通路としてもまた重要な役割を果したのであった。

しかし、この本州中央内陸部は多くの長大河川の源流をもちながらも、いずれの河川も溯航距離は意外に短く、したがって河港までは、長距離を駄送に頼らざるを得なかったし、海岸線から全川にわたり舟運に利用できるとは限らなかった。たとえば、信濃川舟運は日本海から溯航できるのは越後水沢までであり、上流部の犀川や千曲川の一部では舟運が見られるものの部分的に行われたにすぎず、上流部から河口に至る全川にわたる舟運はない。また天竜川でも近世前期から全川にわたる舟運が幾度も計画されたが、近世期を通してほとんど行われず、舟運は河口部分に限られていた。

この地域で最も上流まで舟運の発達した河川は利根川であるが、その溯航限度は上州倉賀野河岸までであった。また富士川は河口に近い駿州岩淵河岸から甲州三河岸とよばれた鰍沢・青柳・黒沢河岸まで、相模川は河口柳島河岸から甲州新田《あらた》河岸までであった。この他では東海地方では、天竜川は下流部の掛川から中部《なかつべ》まで、豊川は三州新城《しんしろ》まで、矢作川は三州古鼠《ふっそ》まで、木曽川は美濃今渡《いまわたり》までが溯航限度であった。

このように本州中央内陸部では、河川舟運を利用するにも溯航限度の河港までは数十から百キロメートルを超える距離があり、河港までは全面的に駄送に頼らざるを得なかった。したがってこの地域では駄送こそが最も効率的な輸送方法であり、日常的な輸送手段であったから、駄送が広く行われるにともない、そのための輸送網が独自な発達を見た。それがこの地域での信州中馬であり、甲州馬・三州馬あるいは奈川牛などの駄賃稼ぎを目的にした牛馬背輸送であった。その様子について、富士川とその河谷を利用して信州にいたる道筋を例にみると次のようである。

この富士川は、甲府盆地の縁辺を東西から流れる笛吹・釜無二川を盆地南端で合流させて駿河湾にそそぐ。溯航終点とされた鰍沢・青柳・黒沢の三河岸まで河口に近い岩渕からの距離は七二キロメートル、標高差約三五〇メートル、平均勾配千分の四・九、日本三大急流に数えられる。鰍沢河岸から北進し、韮崎宿を経て甲州道中を西進する釜無河谷をたどる路は、甲信国境まで約四三キロメートル、上諏訪まで約七〇キロメートル、松本まで約一〇七キロメートルであり、岩渕・鰍沢両河岸間の溯航距離と、鰍沢河岸・上諏訪間の距離がほぼ等しい。

甲州から駿州に至る河内路あるいは駿州往還とよばれる富士川沿いの道は古くから開け、武田氏の駿州進出のための軍事道路として、すでに天正年間伝馬制がひかれた。この道は、その後近世に入り、度々部分的に変遷の後、富士川水運の開かれた慶長以後になり、甲府から西南に向かい釜無川をわたり青柳に至り、富士川の西岸を切石・八日市場・下山・南部・万沢の各宿を経て富士川と分かれ、駿州に入り宍原宿を経て興津宿に至り東海道に結ぶ道筋に確定した。

この駿州往還は、鰍沢河岸の北に隣接する青柳河岸から分かれ、北上して莇沢宿を経て韮崎宿に至る。これは駿信往還とよばれるが、韮崎宿は甲州道中と佐久往還・駿信往還の交差点に位置する宿場として、信州諏訪・伊那・松本方面、信州佐久・上州高崎方面と、駿州・相州・武州とを結ぶきわめて重要な位置にあった。したがって駿州往還は、駿信往還を経て韮崎宿と結ばれることによって、単に甲駿のみでなく甲駿信三国を結ぶ往還として重要な機能をもった。

駿州・駿信往還では、莇沢宿などの起立は相当早い時期であったと考えられるが、この駿信往還の莇沢と駿州往還鰍沢から万沢までの六カ宿に一宿一〇疋・一五人の宿役と周辺諸村に助郷役が課せられ、脇往還の宿場として御定賃銭等が定められたのは正徳元年（一七一一）であった。しかし、脇往還のことでもあり公用継立はそれほど多くなかった。とくに享保九年（一七二四）甲斐国領主柳沢氏が大和郡山に転封となり、甲斐一国が幕領化された後は、毎年駿府から派遣される駿府御目付役の通行が最重要な公用継立であり、駿府代官の出張陣屋が信州伊那郡飯島におかれた時期は、両陣屋間の公用継立が多かった。

たとえば、嘉永七年の公用継立についてみると、荊沢宿では、継立回数は年間九一回あり、このうち四二回が、駿府代官大草太郎左衛門の駿府紺屋町役所と、その出張陣屋である信州飯島陣屋に関する継立であった。この他の公用継立は、甲州市川陣屋のほか、信州高島・高遠・松本藩関係などであった。そして、年間継立に要した人馬は、一七五人・四七疋であり、これはほとんどが五人・五疋の囲人馬で賄うことができたから、助郷諸村への人馬割付はまったくなかった。

これでわかるように、駿州・駿信両往還は甲駿信三国を結ぶ重要な脇往還ではあるが、政治支配上の重要性はきわめて低かった。それにひきかえ、経済的な重要性はきわめて高かったが、それはこの富士川河谷の往還と、鰍沢と駿州岩渕河岸・蒲原宿・清水湊とを結ぶ富士川舟運とによるものであった。

この富士川舟運は、周知のように慶長十二年角倉了以によって開かれた。その後寛永九年鰍沢・青柳・黒沢の三河岸から岩渕までの貢米川下げが開始され、延宝元年には信州諏訪高島藩が、つづいて松本藩がそれぞれ鰍沢河岸に米倉を作り、米問屋を定め藩米の川下げを開始し、その重要性を増していった。

この三河岸は、河岸場として貢米の川下げが最も重要な仕事であったが、このほか朝鮮使節来朝などの際、東海道富士川の渡しでの舟橋奉仕も行い、宝暦六年からは河岸場運上金を上納するなどさまざまな奉仕を行った。この反対給付として、三河岸には諸荷物運送の特権が与えられていたが、中でも鰍沢河岸は、駿州往還の宿場を兼ね、三河岸繁栄の中心となっていた。このため、鰍沢は駿信往還はもとより富士川舟運による人と物との流れの大半を掌握する立場にあり、甲駿信三国の地域社会に大きな影響を与えていた。

この富士川河谷とそれをおさえる鰍沢の経済的重要性は、塩に最も端的にみることができる。清水湊・蒲原宿を経て岩渕河岸より富士川を引きあげられた塩は、鰍沢で俵装され「鰍沢塩」とよばれて、甲府盆地とその周辺はもとより諏訪・高遠方面まで流通したことによって、その経済的影響の範囲を知ることができる。

他方、こうした商品流通上の影響について駿州方面の様子を知ることができるのは、清水湊に関する史料（「清水市資料」近世一）であるが、それによると、富士川水運の商品流通上の機能と、三河岸および清水湊はもとより中継地としての岩渕・蒲原の役割を如実に物語っている。すなわち清水湊は「全駿甲信三ヶ国之諸荷物取賄肝要之湊」であり「稼方第一ニ仕候者甲信両国之諸荷物」であるという。ここでいう諸荷物――「甲信両国之諸荷物」・「甲信州行諸荷物」とはどのようなものであろうか。それは文化三年の三河岸の船賃取極めの史料や、安政四年の三河岸運賃取締りの史料等によって知ることができる。

文化三年の史料は、鰍沢からの下り荷一隻の船賃を甲銀一五匁と定め、品目により積載箇数を定めているが、そこには大小豆・小麦・搗麦・籾・麦・粟・煙草・繰綿・柿・油・酒・味噌・醤油・素麵・椀・元結・苧・からく・板などの品名があげられている。これに対して、上り荷については安政四年の史料によって、鉄・琉球表・砂糖などの品名が塩とともにあげられている。これらの商品は三河岸――とくに鰍沢を中心に集散されていたのであるが、これら品目の中のいくつかについては、後述するように信州中馬と甲州道中金沢宿などとの寛保元年の「為取替議定」と、これを引き継いだ明和元年の「中馬出入裁許書」の中にすでに見出すことができる。それによると、松本より村井・塩尻宿を経て上諏訪より甲州道中を甲府に至る道筋では、米・大小麦・大小豆・酒などは中馬荷物であり、その戻り荷として塩・砂糖のほか金物類などがあげられているが、このことは、内陸の甲信地域と駿州方面とが、早くから中馬と富士川水運・駿州往還を通して結びつけられ、各種の商品流通の展開をみていたことを示している。

以上富士川を例に述べたように、この地域にあっては陸上輸送に全面的に頼らざるを得ず、河港まで遠いという条件は、長距離の駄送を求められた。このため近距離輸送では想像もできないほど多量の牛馬頭数が必要とされ、それに加えて舟運は駄送にくらべて格段に輸送力が大きいため、この輸送力の格差が駄送をいっそう促進した。そのうえ、駄賃の増収をはかる馬士たちは、競って帰り荷を求めたから商品流通をいっそう促進し、駄賃稼ぎを活発にした。

このようにして、本州中央内陸部地域に散在する甲府・上諏訪・高遠・飯田、松本・上田・松代などの城下町を中核にして各地の交通運輸拠点と河港を結ぶ「商い荷物」の駄送をめぐる駄賃稼ぎの活動は、いやがうえにも広範にわたり展開され、発展していったのである。

## 二　私的輸送としての駄賃稼ぎ

近世幕藩体制の確立していく過程で、幕府は五街道をはじめとする主要道路に宿駅を起立し、伝馬制を設け、公的な交通運輸機構を確立した。これにより各宿駅では、公用継立のための人馬夫役を負担する代償として「御用荷物」以外の「商い荷物」の宿継の特権が領主側から与えられていた。このような宿場が行う公的継立に対し、中馬などの駄賃稼ぎを目的とした「商い荷物」の輸送は、私的な輸送として始まった。

その最初は、近世以前にさかのぼる。「自分荷物」を自分の「手馬」により、その必要に応じて輸送することはいつごろ始まったのか不明であるが、その起源は相当古い時期からであっただろうことが考えられる。しかし、それがやがて「他人荷物」の輸送に関わるようになり、その対価として「駄賃」を当然のように受け取るようになったのは、商品経済の発達を見る時期まで待たねばならなかった。それは、輸送された荷物が「商品」として一般的価値をもつようになる時期以降であり、この地域での時期は戦国期後半ではなかったかと考える。

こうした駄賃を払って輸送された荷物は、多く「商い荷物」であり、商品流通はこのような駄送へ依存していったが、他方戦国大名の領国支配の発展する中で街道宿駅制が整備されていき、宿駅による「宿継ぎ」が始まる。その後近世に入り幕藩体制と宿駅制が確立していくと、さらにその整備が進められ、ここでも「商い荷物」の輸送が特権的に領主側から認められていくことになった。

このように近世期「商い荷物」の輸送については、私的ともいえる駄賃稼ぎによるものと、公的な宿駅の行う宿継ぎによる輸送方法との両者とがあり、この両者は輸送量の増大していく中で「商い荷物」の争奪にしのぎを削る激しい競争を展開していった。このような競争の場にあって、商品流通を通してより多くの利潤を追求してやまない荷主たちは、常に商品の輸送にあたっては時と所を問わず、①より早く、②より安全で、③より安価な運賃を求めたことは当然であった。

このような荷主の要望に、より柔軟に対応できたのは、一戸を構え輸送されてくる宿継ぎ荷物を継ぎ立てるだけの宿駅の問屋ではなく、互いに激しい競争に晒されていた「手馬」による駄賃稼ぎたちであったことは論をまたない。このため駄賃稼ぎたちは、荷主の要求に応え信用を得、仲間との競争に勝つためには、輸送距離と時間の短縮をはかり、運賃・輸送単価を引き下げる努力が必要であった。このための対応として、①附通し、②通路の選択、③一綱頭数の増加、④敷金などの方策が採られた。

この附通しとは、宿駅一宿ごとに継ぎ立てる「宿継ぎ」に代え、数宿あるいはそれ以上の宿場で積み替えることをせず輸送するものであった。この方法はいうまでもなく、継立回数を減らすことにより輸送時間を短縮して荷傷みを減じ、結果的に運賃の減額を生んだ。また「馬の通れる道ならば田んぼのあぜ道でも通った」といわれているような通路の自由な選択は、これまた輸送距離と時間を短縮し、宿場口銭・庭銭など輸送経費の節約となった。それに加え、一人の馬方・牛方が三・四頭から五・六頭もの牛馬を繋ぎ合せ、「一綱」として追うことが行われるようになると、一人で一頭を牽くのにくらべ格段の高能率となり、さらに輸送単価を低額にすることが可能になった。また中馬などの馬方・牛方は、荷物引受けにあたり、積荷代金の七・八割の金額を敷金と称して輸送依頼主に支払い、積荷の届け先で先の敷金の精算と駄賃の支払いを受けた。これは敷金をもって積荷を保証し、荷主の信用を確保するばかりでなく、その資金の回転を助けるものであった。

このような輸送方法の工夫は、信州中馬はもとよりこの地域の駄賃稼ぎに広く見られるところであったが、これは街道宿駅の既得権を侵し、その利害にさまざまの形でからむものであった。そのため各地で宿駅と駄賃稼ぎの間で争論が起き、その解決のため宿駅側は、宿場を通過する駄賃稼ぎに対し「口銭」・「蔵敷銭」・「庭銭」などを徴収し、宿継ぎ荷物減少による減収を補おうとして、しばしば深刻な訴訟に発展した。しかし、駄賃稼ぎたちは商品流通の発展を背景にその勢力を拡大しつづけていったのであった。

こうした私的輸送ともいえる駄賃稼ぎが盛んになる以前から「商い荷物」の輸送は、戦国期以来の伝馬制の中で「宿継ぎ」されてきたことは先述の通りであるが、近世のこの地域での様子は、武田氏滅亡後の甲府や信州飯田領の三州往還、あるいは中山道や甲州道中各宿場に見ることができる。

たとえば甲府の場合、寛永一三年（一六三六）極月、伝馬役は従来全町分を郭内八町が負担していたのに代え、八町のうち柳町のみがすべてを負担するようになった。これにより柳町以外の諸町の「手前荷物」

の積み出しは、日に一駄に制限され、これを超える分はすべて柳町の馬をもってするよう定められた。これは、柳町のみ宿場となり伝馬役を負担する代償として、ここのみが継立権の独占が認められたのであった。この柳町の継立は伝馬役を負担する町民の役儀であるから、「商い荷物」の甲府からの積み出しに際し、伝馬役負担の代償として駄賃稼ぎの権利を独占することになったのであった。

このことから甲府では、柳町馬以外の在々馬で諸荷物を積み出す場合は、柳町の駄賃稼ぎの特権を在々馬に譲渡してその代償を求める慣行が成立した。これは「小出銭《こだしせん》」・「付出銭《つけだしせん》」などとよばれたもので、柳町宿または当日伝馬役にあたった柳町宿のものがこの金銭を徴収して、「小出札」を発行して積み出しを認めた。こうした諸荷物は柳町宿側では「呉荷《くれに》」と称し、在々馬側では「貰荷《もらいに》」とよんでいた。この甲府柳町の例は、近世宿駅制の下での伝馬役をめぐる宿の特権の実態を示している。この「呉荷」・「貰荷」の呼称は、宿馬と在方馬との立場や関係を象徴的に示していた。

甲府柳町の例は、たしかに宿駅の特権の強固さを示すものではあった。しかし、寛文・延宝期から元禄期にいたる一七世紀末になると、甲信地域にあっても商品流通の発展と輸送需要の急増する中で、新しい輸送手段として駄賃稼ぎのような私的な輸送が発展してくるようになる。それは宿駅の継立の特権に対抗しながら、城下町と近郊とを結ぶ近距離の輸送はもとより、松本・甲府間、松本・飯田間、飯田・甲府間などの地域内を結ぶ中距離の輸送、あるいは地域内から三都や名古屋などを結ぶ長距離輸送など、多様で重層的な輸送が「商い荷物」を中心にして広範に生み出していったのであった。

このような近世本州中央内陸部での駄賃稼ぎたちによる「商い荷物」輸送の全体像について、その実態を明らかにすることは容易ではないが、この地域をいくつかの道筋に沿って分け、各地域ごとに見ていくこととする。

# 第二章　商品流通の発展と駄賃稼ぎ

## 一　甲州と信州間の駄賃稼ぎ

一七世紀後半の甲州は、桜田領と郡内領とに二分されていた。この桜田領は慶安四年（一六五一）以後甲府を城下町として、甲府盆地とその西北に隣接する信州佐久地方とを支配し、甲州東部の郡内領は、それより先寛永一〇年（一六三三）以後谷村を城下とした秋元家の支配領域となっていた。このうち甲府は、本州中央内陸部有数の規模を誇り、人口は貞享二年（一六八五）一万二二〇〇人余、元禄一〇年（一六七九）一万三五〇〇余人を数えた。

この甲府城下経済は、活発な商業活動に支えられており、すでに貞享四年の調査によると表1に見るように、穀物をはじめとする諸商品を取り扱う問屋が多数存在し、活発な商業活動を展開し、多額な商品の流通に携わっていた。ここでの商品は、地物のみでなく他国産品も多く輸送されてきたが、それは内陸部

表1　貞享4年(1687)甲府諸問屋取扱高

| 問屋名 | 人数 | 取扱高 | 備考 |
|---|---|---|---|
| 穀問屋 | 18人 | 25,000両余 | |
| 細物屋 | 17人 | 5,000両余 | |
| 布物屋 | 64人 | 48,000両余 | |
| 紙問屋 | 3人 | 2,000両余 | 糊入檀紙 |
| 茶問屋 | 7人 | 8,600両余 | 駿州直買1,000両余 |
| 塩問屋 | 8人 | 3,300両余 | |
| 肴問屋 | 3人 | 4,200両余 | |
| たばこ問屋 | 4人 | 1,200両余 | 城下小売のみ |
| 薬種屋 | 12人 | 800両余 | |
| 合計 | 136人 | 98,100両余 | |

注1）『坂田日記抄』(『甲斐叢書』第1巻）より作成。
2）取扱高は単純に合計。

であるゆえに当然ながらいずれも全面的に駄送に依存していた。その商品駄送の例を表1で見ると次のようであった。

たとえば茶ついてみると、茶問屋七人での年間取扱量は八六〇〇両余であるが、このうち駿州直買が一〇〇〇両余に及び、駿州産が甲府での茶の取引に大きな比重を占めている。いうまでもなくこの駿州産の茶は甲府へは駄送されてきたてであろう。

この海のない内陸部の甲府へは、茶と同様に塩や魚などの海産物もまた駄送によらなくてはならなかった。この塩については、甲州から信州にかけては駿州などの地物に加え、一七世紀末には竹原塩をはじめとする瀬戸内の塩が多量に入っていたことが表1からも知ることができる。この輸送路は、瀬戸内から駿州清水港まで廻船により海上輸送された後、蒲原に陸揚げされてから岩淵に駄送され、富士川舟運により甲州三河岸まで送られた。この後、甲府をはじめ甲府盆地各地はもとより信州佐久・諏訪・伊那方面に駄送されたのであった。

右に見たように、本州中央内陸部に移入される塩は、この地域での重要な駄送品であったが、その移入経路はきわめて多様であった。その経路は大まかに太平洋沿岸からの南塩と、日本海沿岸からの北塩に分けられた。このうち南塩の経路は、その一つが前述の富士川経由のものであり、このほか利根川を上り倉賀野河岸経由、木曽川を上り今渡から木曽谷経由、豊川を上り新城、あるいは矢作川を上り足助から飯田経由で信州伊那谷に至るものであった。これに対し北塩の経路は、糸魚川や直江津などから千国街道・北国街道経由で移入するものであり、南塩との接点は信州塩尻辺であった。

このように本州中央部への南北多方面からの塩の移入経路は、その最奥部の信州諏訪・伊那・筑摩南部で接するが、この塩の移入路こそ各地を結ぶ多様な諸品――「商い荷物」の移出入路でもあった。この経路は、外部から本州最奥部を結ぶと同時に、内陸各地はもとよりその外縁の各地を結ぶ輸送路として機能していた。そしてこの輸送路では駄送とそれに連絡する河川舟運こそ最も有効な輸送手段であったのである。

この地域への移入品の代表が塩や魚など海産物や各種加工品であったのに対し、移出品を代表するものは米穀類や酒のような農林産物とその加工品であった。これら米穀類については表1に見ることができる。この貞享四年では甲府諸問屋中穀問屋は一八軒であるが、その年間取引額は二万五〇〇〇両に達している。この取引米穀の出荷地と品目別俵数とを翌元禄元年について示したものが表2であるが、これを見るとその取引の具体的姿を知ることができる。

表2によると元禄元年甲府穀問屋の米穀取扱量は、米五万一九〇〇俵余、雑穀二万七七〇〇俵余、合計七万九六〇〇俵余となっている。このように約八万俵の米穀が甲府穀問屋一八軒に駄送をもって輸送され

表2　元禄元年(1688)甲府穀問屋取扱米穀高　(単位：俵)

| | 佐久郡 | 諏訪領 | 松本領 | 高遠領 | 伊那領 | 信州小計 | 甲　州 | 合　計 |
|---|---|---|---|---|---|---|---|---|
| ソ　バ | 1,136 | 1,311 | 942 | 114 | 70 | 3,573 | 860 | 4,433 |
| 小　豆 | 249 | 552 | 435 | 64 | 12 | 1,312 | 648 | 1,960 |
| 大　豆 | | | | | | 11,273 | 3,125 | 14,398 |
| 大角豆 | | | | | | | 145 | 145 |
| 小　麦 | | 38 | 29 | | | 67 | 2,152 | 2,219 |
| 大　麦 | | | | | | | 2,571 | 2,571 |
| 春　麦 | | | | | | | 1,984 | 1,984 |
| 粟 | | | | | | | 33 | 33 |
| 稗 | | 20 | | | | 20 | | 20 |
| 雑穀小計 | 1,385 | 1,921 | 1,406 | 178 | 82 | 16,245 | 11,518 | 27,763 |
| 米 | | 23,301 | 4,715 | 3,092 | 311 | 31,419 | 20,559 | 51,978 |
| 合　計 | 1,385 | 25,222 | 6,121 | 3,270 | 393 | 47,664 | 32,077 | 79,741 |

注1）「信州米御僉議ニ付改帳」(山梨県立図書館　甲096.7-66)・『坂田日記抄』(『甲斐叢書』第1巻) より作成。
2）信州大豆は産地不詳。
3）諏訪米は史料毀損のため，石数から換算。
4）米俵は4斗俵。

てきたのであり、その量は一駄二俵付けで約四万駄に達した。この出荷先を見ると、米の六〇パーセント、雑穀の五八パーセントは信州産であり、甲州産はいずれも四〇パーセントほどにすぎない。この信州産米穀類のうち、米はほぼすべて、雑穀の九一パーセントは諏訪・松本・高遠藩領からである。この経路は、松本藩領からは塩尻峠を越え下諏訪宿、高遠藩領からは金沢峠を越え金沢宿、佐久郡は佐久往還を南下し韮崎宿で、いずれも甲州道中を経て甲府に達している。

なおこの表2ではわからないが、甲府町年寄坂田氏による『坂田日記抄』（『甲斐叢書』第一巻）あるいは信州高遠領藤沢中馬関係史料（『藤沢村史』）によれば、信州産米穀は韮崎宿から駿信往還を通り、富士川の青柳・鰍沢河岸から多く積み出し、大量の塩・魚などの「戻り荷」を付け帰ったことがわかる。また甲府からさらに東の谷村領にも多くの信州産米穀類が送られており、甲州道中を東行する信州産米穀の量はきわめて多かった。

この貞享・元禄期、信州から甲州方面に多量に移入されていた「商い荷物」で米穀類に匹敵するものは酒であった。表1には酒問屋は見当たらないが、『坂田日記抄』によると、貞享元年には甲府には松本酒問屋が一一軒あり、年間五〇〇〇駄余、甲金三七五〇両の取引のあったことがわかる。これは一駄一斗二升入四樽付けであることから、これは二万樽――二四〇〇石余の量であった。

この信州からの酒の流入はすでに寛文期から始まり、寛文九年（一六六九）には甲府城下惣酒問屋中から信州酒の移入禁止を求める訴訟が起こされている。この禁止効果がなかったためか、その後貞享元年にも同様の訴訟が起こされた。その際の訴状によると、信州酒は甲府領へ日に三〇駄・五〇駄と入り、甲府はもとより在々まで流入し、このためここ四・五年の間に二一軒の酒造家が潰れ、三八軒が醸造中止に追い込まれていると記している。

また『坂田日記抄』によると寛文八年甲府の酒造家数は一六七軒あったから、それからすると貞享元年までの一五年間に潰れたり醸造中止に追い込まれたものは三五パーセントとなり、さらにそれより九年後の元禄六年にはいっそう状況が悪化し、そうした酒造家の軒数は八六軒五一パーセントに達している。

このような信州酒流入の影響は甲府領に留まらず甲州谷村領にも及んでいるが、ここよりさらに甲州道中を経て、関東各地や駿相の沼津・小田原方面まで信州酒は駄送されていた。

こうした信州産米穀類や信州酒の商圏の拡大は、これら「商い荷物」を駄送した駄賃稼ぎの活躍によるものであったことはいうまでもないが、この駄賃稼ぎは帰路も駄賃を稼ぐため、「戻り荷」として各地から多様な「商い荷物」を大量に内陸部に積み帰ったことから、商品流通はいっそう活発になっていった。

この「戻り荷」の有無は、駄賃稼ぎには死活に関わるほど大きな問題であった。輸送距離に関わらず往復路いずれかにしか積荷のない「片荷」の状態では、往復駄賃収入に対し二分の一以下の収入にしかならない。したがって駄賃稼ぎにとっては、輸送距離が長くなればなるほど、「戻り荷」の如何が駄賃収入を左右することになった。そのため駄賃稼ぎは、帰路十分の積荷が得られない場合には、帰路を幾区間にも分け、時には帰ってきた道をまた戻るようなこともしながら、幾日かをかけ出発地点や自宅に帰るといったことが行われ、その生活は積荷——稼ぎの額に大きく左右される日常であった。

ここで見る甲州道中筋での信州方面からの積荷は、米穀類や酒などが主たるものであり、比較的に品目は少ないが、「戻り荷」の品目はきわめて多様ながら塩や魚などの海産物が主であったことは前述の通りである。これら「戻り荷」は、信州上諏訪あたりでは、地元諏訪郡中などの信州中馬のほか各地の「他所馬」によっても運ばれており、「他所馬」の場合必ずしも「戻り荷」ではないが、このような広範囲にわたる活発な駄賃稼ぎが行われていたのである。

信州諏訪高島藩の城下町上諏訪では、元禄七年（一六九四）、この地に大量に駄送されて売られる塩魚荷物について、中町塩問屋の口銭徴収が藩により裁許されている。この裁許は、甲州からの中馬戻り荷物の塩魚が、上諏訪で売りさばかれ、塩問屋の販売権を犯したための処置であり、これはこの時期、信州から大量に積み出された、米穀類や酒の「戻り荷」である塩魚の移入と販売をめぐる問題であった。

また元禄一〇年には、この「戻り荷」の塩をめぐり、高島・松本両藩を巻き込んだ悲劇的な事件が起こっている。これは高島藩領熊野井村の百姓七人が、馬一四疋を追って甲州への商いの帰路、甲州から塩を積み帰ったところ、松本藩塩尻口留番所役人がこれを咎め、刃傷に及んだことから百姓一人が切り殺され、三人が怪我を負うという事件であった。

この事件は、先の松本藩堀田家が、寛永一五年（一六三八）日本海側からの「北塩」の移入を藩是とし、太平洋沿岸からの「南塩」の移入を禁じたことに原因があった。これにより、その後は松本藩水野家・戸田家の時代もこの藩是を踏襲し、高島藩との藩境の塩尻峠口留番所では「南塩」の通過を禁じた。これに対して番所近くの脇道を通った高島藩領村民が「南塩」を付けていたことを咎められ、起こった事件であった。この一件は松本藩の勝訴となって終わったが、太平洋・日本海の両沿岸から最奥の本州中央内陸部の商品流通路と地域性とに関わる事件であったといえよう。

このような甲信間の商品流通の発展が、先述のような甲府柳町宿の「付出銭」・「小出銭」のような特権的慣行を生んでいったのであるが、このような宿側からの特権的自己主張は口銭・庭銭などの徴収や増額となって、中馬など駄賃稼ぎたちとの争論に発展していった。そうしたものの一つが、元文四年（一七三九）に、中馬側から甲州道中甲府柳町宿以西の韮崎・台ケ原・教来石・蔦木・金沢各宿と、駿信往還荊沢宿を相手取って起こした、宿場の口銭・付出銭徴収に反対する争論であった。

このような口銭・付出銭の争論の原因は、商品流通の増大による駄賃稼ぎの盛行の下で、宿継ぎ荷物の減少による宿場の収入減であった。この双方の利害が激しく対立する中での争点は、要約すると、いずれの品目を附通し荷物に定め、一駄いくらの口銭などを徴収するかであった。

この争論の発端は、諏訪高島藩領の甲州道中金沢宿が、中馬荷物のうち「商い荷物」と判断したものは、一駄六文――往返で一二文を口銭として徴収したことに始まった。このため高遠藩領藤沢村の中馬稼ぎは、手馬による手荷物ならば口銭を出さないのが古来の法であると主張して、諏訪高島藩に訴願した。甲州道中を稼ぎ場とし、金沢峠を通り金沢宿に出る藤沢・高遠の中馬稼ぎにとっては、金沢宿は避けて通れない位置にあったから、金沢宿の口銭徴収に、いち早く反論したのである。

この金沢宿の口銭徴収は、韮崎宿に分れて鰍沢河岸への途中にある、駿信往還莿沢宿がすぐに追従した。これに対応して中馬稼ぎの側も、藤沢中馬稼ぎに諏訪中馬総代も加わり、道中奉行に出訴する争論に発展していったが、その際、これ以前からすでに徴収されていた、甲府柳町宿の「付出銭」についても訴状に加えられた。

このとき問題となった金沢宿などの口銭は、従来から口銭を徴収されていたいわゆる「懸り荷」の範囲を拡大し、それまで口銭を徴収しなかった米・酒はもとより、手荷物以外の「商い荷物」全般を口銭徴収対象とするものであった。そして宿側は、もし中馬側がこの口銭を認めない場合は、すべての荷物を宿継ぎとし、一切の荷物の附通しは認めないと主張したから、中馬側はこれを「新法」として争った。また甲府柳町宿の「付出銭」・「小出銭」は、口銭と性格を異とし、すでに従来から徴収されていたが、これも中馬側にとっては口銭同様と考え訴願に加えられたのであった。

この争論の道中奉行による裁許は、翌元文五年一二月に下された。それによると双方ともに証拠不十分を理由に、従来通り滞りなく各宿を附け通すための示談をするように、というものであった。ただし荊沢宿は甲州道中筋ではなく代官支配地であるとの理由により裁許から除かれ、甲府柳町宿の件はすでに元禄年中に幕府の裁許があるため新法ではないとして、「付出銭」・「小出銭」の徴収が認められたのであった。

こうした道中奉行の裁決は出たが、「示談をするように」という内容であったから、宿側・中馬側双方とも、自分の側に好都合に解釈する結果となり、宿側は往返とも六文ずつの口銭を徴収したため、翌寛保元年春には、金沢宿から韮崎宿の五宿との間で再争論となった。この再争論では、中馬側は諏訪・高遠中馬のみならず筑摩・安曇中馬を巻き込み、その範囲は、諏訪・高遠・松本藩領から塩尻陣屋代官山本平八郎支配地に及ぶ、大規模なものとなった。

この再争論は、同年八月江戸宿六人の取扱をもって示談となり一件落着を見た。この際に「為取替証文」により示談の内容を見ると、表3のように、まず中馬附通し荷物として七四品目を明確に定め、「下り荷」・「戻り荷」それぞれの品目について、口銭の有無とその額を取り決めるという具体的内容をもつものであった。

**表3　寛保元年の示談による中馬附通し荷物と口銭**

下り荷物
1米　2大豆　3小豆　4大麦　5小麦　6稗　7粟
8蕎麦　9酒　10多葉粉　11水菓子類　12串柿　13麻布
14油荏　15油粕
（うち1～11無口銭、12～15口銭四文）

戻り荷物
1塗り物　2苦塩　3塩　4五十集　5明樽
6金物類　7傘　8笠類　9浅草物　10水油　11蝋
12元結　13干物類　14扇子・団子　15砥石　16火打石
17溜り　18瀬戸物　19蝋燭　20抹香・線香　21太平墨
22素麺　23酢・醤油　24味噌　25貝類　26鰹節
27紙荷　28干魚類　29干鰯　30油荏　31油粕
32菓子類　33多葉粉　34明櫃　35明葛籠類　36明箱
37薬種　38古手　39貝杓子　40神仏道具　41馬之道具
42竹之皮類　43膳椀類　44鍋釜類　45砂糖類
46染草類　47酒　48生肴　49合羽　50石類　51植木
52水菓子・柑類　53八百屋物　54土器類
55生姜　56昆布　57てん草　58荒和布　59若和布
（うち1～54無口銭、55～59口銭六文）

この「為取替証文」は、本紙と別紙の二枚からなる。このうち本紙では、甲府方面への「下り荷」一三品目と信州方面への「戻り荷」五四品目との計六七品目が、中馬附通し荷物と定められた。また別紙では、従来宿継ぎ荷物と定められていた品目のうち六品目と、中馬「戻り荷」のうち八百屋物に含まれていた生姜を一品目として、計七品目が中馬附通し荷物と定められた。つまり中馬附通し荷物は本別紙都合七四品目と定められたのであった。

この別紙については、なぜそのような取扱としたのか説明を要する。すなわち、この別紙で中馬附通し荷物と定めた七品目は、従来からの宿継ぎ荷物のうち、「下り荷」の煙草（多葉粉）と水菓子の二品目に、「戻り荷」の昆布・てんぐさ・荒和布・若和布の四品目と、中馬「戻り荷」のうち、八百屋物から分離して加えた生姜の五品目、計七品目である。これら七品目は、商品流通の発展する中で、当時中馬・宿双方の争点となっていた「商い荷物」であったと考えられることから、この七品目の選定は、中馬側の積み出したい「下り荷」二品目と、宿場側が口銭を取りたい「戻り荷」五品目とをもって双方のバランスを取り、その妥協をはかろうとするものであったといえる。

そのことは、宿側が宿継ぎ荷物六品目を中馬荷物に組み替え、中馬側はその代償に、中馬荷物のうち八百屋物からとくに生姜のみを抜き出し、これに対応したことからもうかがえる。このことについては、さらに口銭徴収対象となった「懸り荷」の品目と口銭の額を併せてみるといっそう明白である。

この附通し荷物本・別紙七四品目のうち九品目が、口銭の懸かるいわゆる「懸り荷」であり、六五品目は無口銭であった。この「懸り荷」は、「下り荷」一三品目のうち串柿・麻布・油荏・油粕の四品目が口銭一駄四文、「戻り荷」六一品目のうち昆布・てんぐさ・荒和布・若和布・生姜の五品目が口銭一駄六文であった。ただし昆布など磯物四品目は、一駄に満たない少量の「端荷物《はした》」でも口銭を払うことで合意している。

これら「下り荷」四品目は、いずれも商品的価値が高く、口銭負担能力も高い「商い荷物」である。この串柿は、信州飯田・市田などを中心に伊那谷で生産され、大量に江戸方面に出荷されていた。宝暦一三年(一七六三)、飯田での中馬荷物量調査によると、飯田から北上し高遠に送られる荷物の中に、年間多量な椀・元結とともに柿荷物が見られる。これら三品は、甲府では「飯田荷物」を代表する品目として、江戸への重要な継立荷物であった。このことから、飯田から高遠で継ぎたてられ、甲府を経て江戸への中馬などによる駄送品目であったことがわかる。また「下り荷」中の麻布も、麻綱などとともに松本・安曇方面からの特産品として、江戸などに多く送られており、油荏・油粕は、発展する甲州西部の棉作や煙草生産地域などで金肥としての需要に支えられ、時代とともにいっそう需要が増大しつつあった「商い荷物」であった。

これら「下り荷」よりもいっそう商品的価値と口銭負担能力の高かった荷物は、「戻り荷」の五品目であった。このことは、「端荷物」でも六文の口銭を負担できる磯物四品目の例からもわかるところであるが、いずれも鰍沢から積み帰る「商い荷物」であった。すなわち、このように商品的価値が高く、口銭負担能力の高い積荷こそ、中馬駄賃稼ぎ・宿側双方にとって魅力的であり、そこに争点の口銭問題を解決するための妥協の鍵があったといえる。そこで宿・中馬側双方は、これらの品目を選び、それらを口銭取立ての対象とし、別紙をもって新たな取り決めを結んだのであった。よって宿側は、「懸り荷」中過半を占める口銭負担力の高い五品目の中に、八百屋物のうちから生姜を引き抜いて加え、他方中馬側は、その代償に輸送量の増大している煙草と水菓子とを通し荷物とすることで、双方の利益をはかり妥協したのであった。

この寛保元年の示談による「為取替議定」は、その後明和元年（一七六四）幕府による信州全域を対象とした中馬の裁許にそのまま盛り込まれ、以後明治期に至るまで使われつづけた。ここでの中馬附通し荷物の品目内容は、当時の諸商品流通の実態を示し、じつに興味深いものがある。これら「商い荷物」の品目を見ると、先述したような元禄期のものと比較して飛躍的に多様になっていることがわかる。たとえば、信州方面からの「下り荷」は元禄期では米穀類・酒などが主であったが、この時期になるとこれらに加えて煙草・苧麻・油荏などの畑作商品作物や酒をはじめとして串柿・麻布・油粕などの農産加工商品が登場し、一五品目にも増加していた。

これに対して信州方面への「戻り荷」は、きわめて多様となり五九品目が挙げられている。塩・苦塩（にがり）や各種の海草など海産物のほか、金物・瀬戸物・土器・膳腕類などの手工芸品、蠟・染草（染料）などの手工芸材料、太平墨・各種紙などの文房具類、酢・醬油・溜まり・味噌・砂糖などの食品調味料類、傘・笠・合羽・火打石・砥石などの荒物類等々。また明櫃・明葛籠・明箱などの容器類も、商品流通に欠くことのできないものとして、中馬駄賃稼ぎの積荷に大きな比重を占めていた。

また「下り荷」・「戻り荷」双方に記載された品目に酒・煙草・水菓子類・油荏がある。このうち嗜好品である酒・煙草は、「下り荷」では松本・諏訪の酒や生坂《いくさか》などの煙草が、また「戻り荷」では江戸を経由する下り酒や水府・国分煙草、また竜王煙草など甲州各地の煙草がそれである。また水菓子も「戻り荷」に柑橘類が併記されているように、これらは、八百屋物同様気候・土性などの地域性に左右されるためと考えられ、柑類とは駿州方面からの蜜柑などがそれであろう。もう一つの油荏は、胡麻同様油性作物として各地で栽培されていたためであろう。

なお先に見たように生姜が八百屋物の中で特別扱いとされたのは、甲州鰍沢辺で栽培された生姜が寒冷で栽培の困難だった信州で珍重され、「戻り荷」として多く運ばれたことによる。当時から二〇年後の宝暦一三年、松本での甲州からの「戻り荷」中、生姜は二〇〇駄ほどと記されているが、その量は松本から甲州への米一〇〇〇駄と比較しても決して少ないものではない。この口銭六文は、宿側にとって魅力的だったに違いなく、宿継ぎ荷物であった煙草・水菓子を手放し、中馬附通し荷物とすることも認めたと考えられる。

この煙草であるが、この頃から松本の北生坂方面のいわゆる生坂煙草が、甲州道中や中山道倉賀野宿を通って盛んに江戸方面に送られるようになってきた。このため中馬側にとっては、無口銭で付け通せるようになることは決して悪い話ではなかったであろう。しかし、甲州道中を東行する生坂煙草にとって、甲州もまた競争的な煙草生産地域であり、ここを通らなくてはならなかった。甲州煙草の生産は、甲府の門前《ぜんもん》・小松煙草をはじめ、甲府盆地西部の竜王煙草、盆地東部の萩原・徳和煙草、盆地南部の薬袋《みない》煙草、また郡内領上野原宿周辺などの各地で盛んであった。このうち竜王煙草は、宝暦一三年の調査では、高遠から飯田に送られる荷物の中に駿豆州からの魚、江戸からの鍋・火打石などとともに見える。これらの荷物は、もちろん甲州から高遠を経由して飯田に送られるものであった。この甲州煙草は、信州はもとより、元禄期以前から江戸に進出していたから、やがて生坂煙草が江戸に進出するようになると、甲州道中での江戸への煙草荷の駄賃稼ぎもいちだんと活発になっていった。

このように甲州道中での信州と甲州、さらに江戸との「商い荷物」の流通が盛んになると、江戸からの

「戻り荷」として、さまざまな手工芸品や蠟・傘・鍋釜・紙荷などが、甲府はもとより松本・飯田にまで送られていったことが宝暦一三年の調査からもわかる。それによると、松本ではこれら江戸からのものを含め、甲府からの「戻り荷」は一四七〇駄に上っており、このうち江戸からは蠟だけでも二百数十駄があり「戻り荷」の一六パーセントに達している。他方、飯田でも先述のように量的には少ないが、甲州・高遠を経由して江戸からの「戻り荷」のあったことからも、この時期の中央内陸部における商品流通の多様な姿を見ることができる（表7参照）。

ここに度々あげた宝暦一三年の調査とは、その前年の一二年に続いて行われた幕府による信州全域にわたる信州中馬の活動実態調査である。これは宝暦九年に端を発した中馬関係訴訟解決のためのものであって、その後明和元年の幕府による中馬裁許の基礎資料となった調査であった。その時の争論と裁許の詳細は第三章で述べるが、この明和の裁許こそ、信州全域にわたり中馬稼村と馬数を確定し、各方面への道筋と、そこでの中馬荷物・宿場口銭の額が決定されるなど、画期的意義をもつものであり、以後ほぼこれが遵守されていったのであった。

この明和の裁許には甲州道中での寛保の為取替証文の内容がそのまま適用されたことは先に述べたが、この道筋は「松本より中山道を甲府まで」として種々決められている。この文言は、「松本より中山道を経由して甲州道中を甲府まで」の意味であって、具体的な経路を示すものである。すなわち松本から三州往還を南下して塩尻宿で中山道に入り、塩尻峠を越えて下諏訪宿で甲州道中に入って甲府に至る道筋である。

表４　明和の裁許による中馬村数と中馬数

| 郡　名 | 中馬村数 | 中馬数 |
|---|---|---|
| 伊那郡 | 163ヶ村 | 7,747疋 |
| 諏訪郡 | 123ヶ村 | 4,571疋 |
| 安曇郡 | 179ヶ村 | 3,123疋 |
| 筑摩郡 | 159ヶ村 | 2,631疋 |
| 小県郡 | 35ヶ村 | 321疋 |
| 高井郡 | 8ヶ村 | 91疋 |
| 埴科郡 | 6ヶ村 | 76疋 |
| 更科郡 | 5ヶ村 | 58疋 |
| 合　計 | 678ヶ村 | 18,618疋<br>(18,614) |

注１）明和元年12月「信州国村々中馬荷物等出入申渡書」(『長野県史』近世史料編　第九巻全県　46) より作成。
２）史料にある総中馬数は(　)内。

この道筋で活躍した中馬稼ぎは、諏訪郡を中心に伊那高遠周辺の高遠中馬や松本周辺の筑摩・安曇中馬であったが、明和の裁許では諏訪郡一二三カ村四五八一疋を中馬として確定されている。この村数は、後の天保郷帳一三五カ村に比較すると約八八パーセントに当り、一村当り三七疋の中馬を飼養していたこととなる。これは表４で見るように他郡に比較してきわめて高い数値を示している。

また安永二年（一七七四）、諏訪郡での中馬改めの書上によると、中馬二三九疋のうち江戸追中馬一〇七〇疋、甲州追中馬一三二〇疋であると幕府に報告し、公認されて鑑札が与えられている。この鑑札は、信州外の土地への附通しのためのものであり、江戸追中馬の鑑札を得た者は、江戸はもちろん信州・甲州・三州・尾州・上州各地にも附通しできる。このため甲州のみに限られた甲州追の者と単純には比較できないが、その数は、江戸追中馬は約四五パーセント、甲州追中馬が約五五パーセントになる。この数から、駄賃稼ぎに専従する諏訪中馬の相当数が甲州道中を東行し、ここを稼ぎ場所としていた事実を示している。そこでは、江戸追中馬の者はもちろん、甲州追い中馬の者もいて甲府以東の甲州各地はもとより広い地域で駄送を行っていた。

このように書いてくると、甲州にあっても駄賃稼ぎは信州中馬の独壇場であったかのように聞こえるが、甲州馬による駄賃稼ぎも古くから盛んであった。たとえば次節で触れるように、江戸初期以来の特権的な九一色馬などもあり、これを甲府以東についてみると、甲州道中を利用しては江戸・武相方面だけでなく、笹子峠を越え初狩宿から南へ近坂峠を越えて谷村への道筋も多く利用された。この郡内領へは、このほかに甲州道中甲府あるいは石和宿から御坂峠を越える駿州東往還（鎌倉往還）の道筋も多く利用された。この道筋は上・下吉田から籠坂峠などを越え、東海道三島・沼津宿あるいは小田原宿に至る重要な駄賃稼ぎの道筋であった。この道筋でも甲州山中・忍草などの馬や駿州御厨領の馬に混じって信州中馬の活動が早くから見られた。

## 二　甲信と武・相州間の駄賃稼ぎ

前節では甲信間の駄賃稼ぎについて考察してきたが、そこでは、信州中馬の積極的な進出の様子を知ることができた。諏訪・高遠の中馬を中心として、甲州道中筋に進出した信州中馬は、宝永期にはすでに甲州の東方へも活動の範囲を拡大し、江戸・駿州・相州へ往還していた。このような中で甲州道中金沢宿以東甲府柳町宿までの各宿との間で口銭問題が起こり、筑摩・安曇の中馬を巻き込んで寛保の示談に至ったことは先述の通りである。

この信州中馬の東進以前から甲州駄賃稼ぎの者が、江戸・相州・駿州へ進出していたことは、その地理的関係からしても当然のことであり、戦国期以来のことであった。たとえば、近世の甲府魚町は、戦国期古府中の肴町の跡に新府中町立ての折りに設けられたが、相・駿・豆州の魚を取引しており、先の表1にみるように貞享四年（一六八七）諸問屋の調査では魚問屋三軒のほか茶問屋七軒が載せられていた。このことは駿州方面との関係の深さを語っている。

また近世諸商売の諸役免除の特権をもった右左口村と九一色郷のいわゆる「九一色馬」は、その起源は天文末年（一五五五）頃にあったといわれ、天正一〇年（一五八二）七月一二日徳川家印判状をもって旧来の特権を認められている。この徳川家朱印状は元禄一五年（一七〇二）まで九一色郷にあったが、勘定奉行所の管理に移され、その代わりに鑑札が一人に一枚渡されるようになった。その交村の範囲は九一色郷一四カ村、札数六四二枚であった。この鑑札をもって諸商売を行うため利用する馬を「九一色馬」と称した。

この「九一色馬」は、一疋から二・三疋を一人でひき、商いを馬をもって行うとともに駄賃稼ぎも行っていた。そして、ここ九一色郷の村々と右左口村は、駿州吉原宿から富士西麓を越えて甲府に至る道筋――いわゆる駿州中道往還沿いの山村であったことから、甲信・駿相・武州の間を活動範囲としていた。これが、近世の早い時期から活動していただろうことは考えられるが、後述するように、史料的には寛保三年（一七四三）江戸三伝馬町との江戸での駄賃稼ぎをめぐる争論であった。

すでに述べたように、信州中馬も宝永期には、江戸・相州・駿州の間を往来するようになっていたのであり、前節でも見たように、元文・寛保期には甲州道中甲府以西の宿駅とは口銭をめぐる争論が生じる中で、寛保の示談が成立した。そして、その内容を見ると品目の中に多くの「戻り荷」としての「商い荷物」が含まれていた。信州中馬のこのような活動は、一人信州中馬に限るものではなく、九一色馬など内陸各地からの「商い荷物」は江戸に集まり、「戻り荷」として各地に送り出されていた。

このような状況の中にあっては、馬士たちが資金の有無あるいは積荷の状況によって、商売から駄賃稼ぎまで多様な選択が行われたと考えられる。そうした一つに「諸商売」の免許のある九一色馬が、江戸で駄賃稼ぎを行うこともあったといえる。しかし、資金的余裕があるならば、荷積の売買こそ最も魅力あるものであった。このような中馬などによる活発な活動があったからこそ、甲府柳町宿の「付出銭」をはじめとする各宿での「口銭」徴収は、宿場にとってやめることのできないものであった。

甲州道中では、寛保元年の示談から四四年後の天明五年（一七八五）五月には、甲府以東石和宿から武州府中宿まで三〇カ宿を相手取って、信州中馬一〇〇カ村の惣代内藤新宿中馬宿主四名による甲州道中中馬口銭の争論が起こる。

この訴訟人の主張は、古くから甲州・信州から来往する中馬稼ぎのための中馬宿を営んできたが、近来中馬がこなくなってしまった。その原因を問い合わせてみると、各宿が五・六文の口銭徴収を行い、天明四年正月からはさらに増銭をしたためであり、しかも宿によっては宿間に出張って、中馬一駄五〇文もの徴収をする宿場馬士もいると主張して、各宿の口銭徴収の廃止を求めた。

この時期は天明三年七月の浅間山噴火のため、中山道の往来が不能となり、甲州道中の公用通行が激増したため、幕府も同年一二月から甲府道中の人馬賃銭の二割増を認めたほどの状況であった。このため、中馬口銭徴収をもって宿場経営の助力としている宿場側は、中馬など「附通し荷物」の増加による「宿継ぎ荷物」の減少とを理由に強硬に反対した。これにより幕府は宿側の主張を認め、口銭の存続を裁許したのであった。

この天明五年の裁許は、中馬側の敗訴に終わったが、中馬側にとっては大きな意義をもった。それは、寛保の議定によって中馬側の甲府以西でもつことができた権利は、その後明和の裁許で幕府の認める公的なものとなった。しかし、その権利は「松本より中山道を甲府まで」と限定された内容のものであった。これに対して天明五年の争論は、こうした状況を打ち破り、中馬の活動は甲府以東にまで及び、甲州道中を江戸に至るものであることを確認する意義をもった。そしてさらにこの中馬の活動は信州中馬に限るものでなく、「甲州中馬」にも関わる問題として、各方面に認識されたのであった。この「甲州中馬」とは幕府が公式に認めるものではないにしても、駄賃稼ぎの中で共通の連帯意識を生み出した意義はきわめて大きかった。これは次の寛政一〇年（一七九八）に始まる争論の中で新たな状況を生みだしていった。

この争論は、甲州道中石和・栗原・勝沼・鶴瀬・駒飼五宿が甲府や在々から附出す諸荷物の駄賃附けについて、「在々馬士」の宿での附通しを認めず、宿人馬をもって宿継ぎを要求し、附通す者には附出銭として、四～五十文もの支払いを求めたことに起因した。これを不満とする山梨・八代郡下の村々が訴えを起こしたが、六月になりこの争論は石和・栗原・勝沼・鶴瀬四宿を相手取り、山梨・八代郡下一〇六カ村から道中奉行への訴願に発展した。

この際の訴願文書によれば、笹子峠以東の都留郡内方面に大量に送られる米穀のほか、在々村々から江戸への菓物類・煙草などが「信州中馬」を雇って送られている。このことは、甲州各地在々での広範な駄賃稼ぎの存在と、信州中馬の出稼ぎ的在り方を示すものとしてきわめて興味深い。すなわち一八世紀末には、「商い荷物」の生産と流通はこうした段階にまで至っていたことを物語っている。

この争論に対する裁許はその年の一二月、訴訟方九二カ村（当初一〇六カ村中一四カ村が減る）と、相手方五カ宿（結果的に駒飼宿が加わった）に対して下された。これによると、手作りの産物を手馬で附通すものはともかくも、在方から引受けた「商い荷物」が、宿問屋の継立によらず、各宿「荷宿」で継送られていたという新事実が明らかになったこともあり、そうした実態に添った解決が示された。すなわち訴訟方九二カ村は、笹子峠を中心に、西の駒飼宿と東の黒野田・阿弥陀海道宿荷問屋までは自分たちで運び、そこから先の各宿荷問屋への附通しは禁止し、前記三宿荷問屋から送状の荷問屋へ送り、ここから最寄村々へ届けることを命じた。なお三宿までの附通しについては、中馬同様の宿口銭を支払うこと、駄送は自村産物に限り、他村の産物の引受けを禁止した。

この寛政一〇年の裁許によれば、甲州道中甲府以東では「荷問屋」と称する宿問屋以外の組織が機能するようになっていて、これが駄賃稼ぎと連係しながら「商い荷物」の輸送に携わっており、幕府もこの存在を容認していたことがわかる。この「荷問屋」は「荷継問屋」などとも称して数宿を隔てて設けられるようになっていて、その間の宿々を附通して「商い荷物」は送られるようになり、宿々は口銭収入を宿財政維持のための重要財源とする状況が、この頃から一般化していったのであった。

この荷問屋の成立と機能については、寛政一〇年の裁許に際して、幕府から阿弥陀海道宿への問合わせへの答申書によって知ることができる。それによると、同宿では公用継立荷物と甲府商人から宰領荷物が入り交じり混乱し、そこへ米穀などの「商い荷物」が積み込まれることは、火盗の危険もあることから、村内の土蔵のある者に一駄三~四〇〇文の保管料をもって保管を依頼し、公用継立の手透きをもって附送っているというのである。このようなことは、甲州道中は公用継立が少ないこともあり、合宿として二~三宿が、一カ月間を割りあって勤める所が多かったことから、可能であった。事実この際の阿弥陀海道は、隣宿の黒野田・白野宿との三宿をもってする合宿であり、黒野田宿が一カ月のうち上一五日、白野・阿弥陀海道宿とが下一五日の勤めであった。また駒飼宿は鶴瀬宿との合宿であり、駒飼宿は月のうち下一〇日の勤めであった。

これでわかるように、一宿内に宿問屋と荷問屋を設け、一方で駄賃稼ぎからは口銭を徴収しながら、他方では宿自身が積極的に「商い荷物」の輸送に携り、荷物保管料としての蔵敷銭を稼ぎ宿馬士による駄賃稼ぎを行っている。これは合宿によってようやく宿を維持している山村の小宿にとっては、「商い荷物」の増大を逆手に取った、必死回生の一手であったといえる。それゆえ幕府もそれは容易に認めたのであり、以後「荷問屋」の存在は重要度を増し、後には鉄道開通時に至るまで大きな役割を担ったのであった。

　この荷問屋についてより具体的な姿を知ることのできる史料がある。これは文化一〇年（一八一三）の甲州の煙草と繰綿を、八王子以東へ送るための荷問屋間の規定書である。これによれば、図2のように甲州道中石和宿以東八王子宿に至る、荷問屋の具体的な集荷と輸送の実態がわかる。ここでは、信州中馬を加えて「甲州馬」が各宿を附通しながら、八王子市売荷物はもとより、在売荷物輸送のため、荷主の勝手のよい地点に荷宿をおいて、輸送の効率化がはかられたのである。そのため、甲斐山梨・八代・巨摩三郡の煙草・木綿作りの村々と駄賃稼ぎの者の合意の上、規定書が作られたのである。ここに石和宿以東の宿場が選ばれた理由は、甲府盆地西部のいわゆる西郡筋《にしごうりすじ》が、煙草・綿作地帯であり、ここから東行するには、石和宿が地理的に至便のためであった。そして、杣口・黒駒煙草は勝沼宿、初鹿野《はじかの》煙草は鶴瀬宿・駒飼宿が最寄の宿場であり、都留郡内では桂川の支流鶴川沿いの煙草は、上野原宿が最寄の宿場であった。このため、まず最寄の宿場の荷問屋に出荷する方法が取られたが、甲府盆地西側の宿場では、そこから笹子峠の東側の阿弥陀海道宿荷問屋に継立てられた。しかし初鹿野煙草は、出荷の際に直接に阿弥陀海道宿荷問屋に出すこととしたのであった。

　この甲州煙草・繰綿二品の荷問屋の成立は、甲州道中東部での駄賃稼ぎに新しい展開を生んだが、これは、信州中馬による駄賃稼ぎにとっても新しい状況をもたらした。その一つは、信州中馬がすでに行って

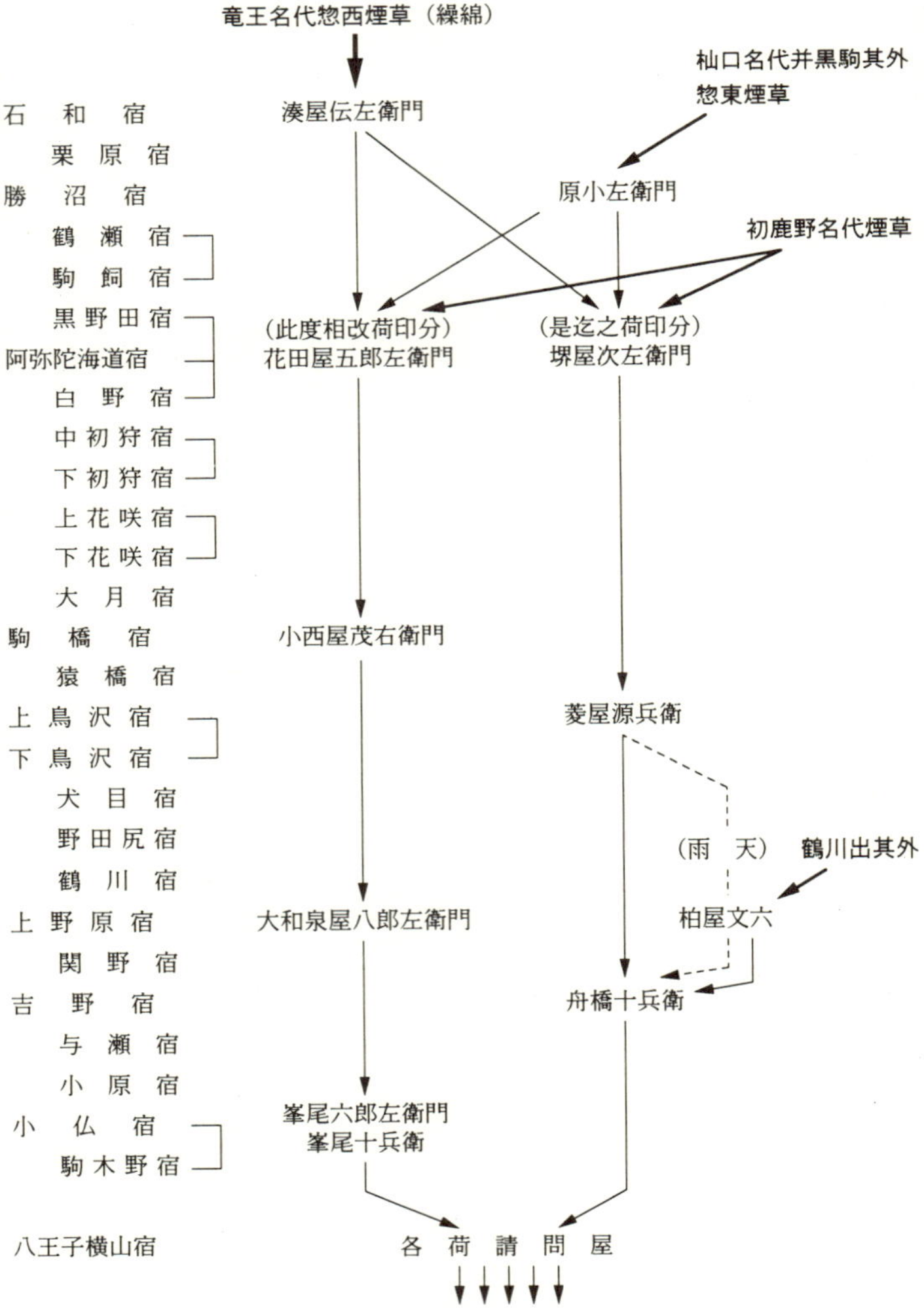


図２　甲州道中煙草荷継　文化10年（1813）

注１）文化10年「規定書之叓」より作成。
　２）石和宿など左寄せの宿場は荷継問屋所在。
　３）ヨ印，コ印は合宿。

いた甲州各地での駄賃稼ぎを拡大し、甲州での諸荷物積出しに積極的に参加することが可能になったことである。こうした状況の下で、あらためて甲州道中甲府を含めそれ以東での附出銭・相対銭など、宿での「懸り銭」が問題となった。その始めは寛政一〇年に始まる甲府柳町・石和・栗原・勝沼・鶴瀬・駒飼六カ宿を相手取り、各宿での附出銭・相対銭を問題とした諏訪一二三カ村中馬稼ぎたちによる争論であった。

この争論は元文・寛保の争論が甲府柳町宿を含め、信州金沢宿までを相手取った際と対象的に、甲府柳町宿を含む以東六カ宿を相手としている点、また天明の争論では石和など五宿での口銭が問題とされたこととも違い、各宿での附出銭などが争点となった。とくに甲府柳町宿の「付出銭」は、すでに元禄以来のものとして裁許され、容認されていたが、ここにあらためて争論の対象とされた。

この争論は、当初中馬稼ぎ側と各宿側との間で直接交渉が進められたが、結論が得られないまま、三年後の享和二年（一八〇二）五月、道中奉行所へ出訴となった。その結果同年四月示談となったが、甲府柳町宿と石和など五宿との間での示談はそれぞれ異なっていた。すなわち同年三月、甲州道中内藤新宿取締喜六の仲立によって、まず甲府柳町の件が議定され、翌四月、甲府柳町丁代吉右衛門の仲立で、石和など五宿の件が示談となっており、その内容は次のようである。

甲府柳町宿の「付出銭」は従来通り中馬二駄につき八六文、一駄につき六七文とし、附通し銭については一駄二〇文として、このうち酒・魚類・砂糖・昆布・金物・蠟の六品は無銭とする。ただし中馬附通しのうち片荷以上は一駄二〇文であるが、片荷に満たない「端荷物《はした》」は無銭とするなどを内容とする議定がなされた。

この議定は見るように中馬稼ぎへの譲歩、優遇が行われている。その一つは在方馬の場合一駄六七文としているのに対し、中馬は一綱二駄で八六文としている。また附通しについても、一駄二〇文としているが、このうち「端荷物」は中馬は無銭である。これは柳町宿が、甲府から附出す「端荷物」に対しては「小出銭」と称して、二〇文を徴収していることに対応した、中馬優遇措置の一つであった。ただし酒など六品の附通し銭の無銭の取扱いは、在方馬による場合には「付出銭」・「小出銭」を無銭にしており、同様な取扱いとなっていた。次に五宿での口銭問題についての議定を見ると次のようであった。

この争論の原因は、従来から各宿が、在方馬同様一駄七文の附通し口銭を徴収していたのに加え、新たに「相対銭」として、石和宿四三文、栗原宿四〇文、勝沼・鶴瀬・駒飼三宿各四八文ずつを徴収したことであったが、宿側の徴収の理由は次のようであった。信州中馬は、近年甲州各地での附通し輸送に携っているが、このためわれわれの宿では、商人荷物の継送りを行い、駄賃稼ぎをしたいと思っても中馬により附通しをされるためそれができない。そこで宿を附通しさせる代償として、甲府柳町宿の「付出銭」に倣い「相対銭」を徴収するというものであり、ここで「相対銭」の対象とさた積荷は、信州中馬が積む「甲州産物」であった。

これに対する議定をみると、相対銭の対象は「甲州産物」の諸荷物であり、石和・栗原宿は一四文、勝沼・鶴瀬・駒飼宿は一二文とし、信州からの諸荷物と戻り荷はいずれも口銭のみで附通すことで合意している。この相対銭の額は口銭七文の二倍ほどであり、宿側の主張した四〇文から四八文と比較すると、その三分の一か四分の一程度にすぎず、宿々での馬士による理由のない相対銭を禁じるなど、大方中馬稼ぎに有利な示談となった。

この寛政・享和の争論は、元文・寛保の争論とは根本的に異なるものであった。すなわち元文・寛保のそれが信州産物の酒や穀物とその信州への戻り荷が問題とされたのに対し、寛政・享和のそれは甲州産物に関するものであり、信州中馬が甲州にあって、甲州産物を甲州から附送る甲州での出稼ぎに関する争論であった。

こうした争論の質的変化の原因は、一つには、信州の中でも甲州に隣接する諏訪の中馬稼ぎが、積極的に駄賃稼ぎの場を甲州に求め、進出してきたことによる。しかし、その進出は甲州内部での商品生産の急速な発展があり、近世城下町として発展し、商品流通の中核をなしてきた甲府に限らず、石和宿のように、甲州各地の商品生産の発展に支えられ、地域的商品流通の中心地へと上昇しはじめてきた場所ができてきたことが背景にあった。これにより、それまで甲府柳町宿に限られていた「付出銭」徴収の特権が崩れ、各地でこれに比適する相対銭などの徴収の可能性が生まれたとみることができる。このように考えると、諏訪などの信州中馬の甲州進出は理解でき、以後甲州馬共々、さらに活動の範囲を江戸に向け広げていったことがわかる。そして安政五年（一八五八）、日米修好通商条約が結ばれ、横浜開港による新しい時代を迎えると、横浜へも駄賃稼ぎが進出していったことはもちろんであり、横浜への絹荷物などの輸送が行われるようになるとともに、戻り荷として唐糸、金巾、砂糖などの輸入品目が現れてくるようになっていったのであった。

## 三　甲信と駿・豆州間の駄賃稼ぎ

前項までは近世甲府を中心にほぼ甲州道中を軸として、甲州と信州とを結んで行われた駄賃稼ぎの様子を見、次にこの甲州と関係の深い武・相・駿・豆州方面へつづく道筋についてふれたが、さらに詳しくこの地域での駄賃稼ぎの様子を見ることとしたい。

すでに前節末で触れ、一節でも見たように、この甲府から東南への道筋は、甲州道中による武相への道筋と、南へは相駿への駿州東往還（鎌倉往還）・駿州中道往還・駿州往還の三本の道筋があった。このうち東・中の二つの往還の道筋は、津久井道などとともに古くから使われ、「商い荷物」の駄送も行われてきた。しかし、甲信地域からの駄賃稼ぎの盛行は、甲州道中筋での一七世紀後半の貞享・元禄期よりは遅く、一八世紀前半の享保・元文期以降であった。これに対して、最も西の富士川沿いの道である駿州往還は、富士川舟運の発達にもよるが、富士川沿いの険阻な道筋のため駄送はそれほど活発ではなく、その北に続く鰍沢・青柳河岸と韮崎宿とを結ぶ駿信往還での駄送の盛行とは極端な差異があった。

前節で見たように、信州からの米穀類や酒の移出は元禄期には甲府のみでなく、甲府を中継地として、甲府東部郡内領谷村地方から関東各地、小田原・沼津方面にまで及んでいた。しかし、この時期ではまだ品目も米穀類・酒などに限られ量的にも決して多くはなかった。それに甲府柳町宿の「付出銭」や「呉荷」の際の「小出銭」の特権に見られるように、宿場の中馬をはじめとする駄賃稼ぎへの規制力が強く、信州から甲府を越して甲府以遠の武・相・駿・豆州へ進出することは容易ではなかった。

こうした街道での宿場の規制に加え、甲府藩による規制も強かった。具体的には自領への信州産の米穀類や酒の移入を制限しただけでなく、宝永七年（一七一〇）には、信州中馬の甲州での商売や江戸・相駿各地に行く者への宿貸しを禁止するなど、強力な規制を行った。このため信州中馬は、甲州内はもとより甲州以遠での活動は非常に困難になった。

この宝永七年の甲府藩の禁令は、信州中馬稼ぎ総代の甲府奉行所への訴願と、諏訪高島藩の働きかけがあって解除された。しかし中馬など駄賃稼ぎの活動は、無条件に自由だったわけでなく、元文四年（一七三九）以来寛保元年（一七四一）にかけて、甲州道中甲府柳町宿以西の韮崎・台ケ原・教来石・蔦木・金沢各宿と、駿信往還鰍沢宿を相手取っての争論となったことは、前述の通りである。しかし、このような駄賃稼ぎに関わる「商い荷物」の輸送をめぐる、特権的宿場やこれに準じる往還荷継ぎ所との争論は、鎌倉往還では少し早い元文二年八月、河口・藤ノ木村との間で口銭問題として起こった。そして以後この道筋では、各地で駄賃稼ぎや宿村の利害などが複雑に絡み合い、多くの宿村を巻き込んだ激しい争論が繰り返し起こった。

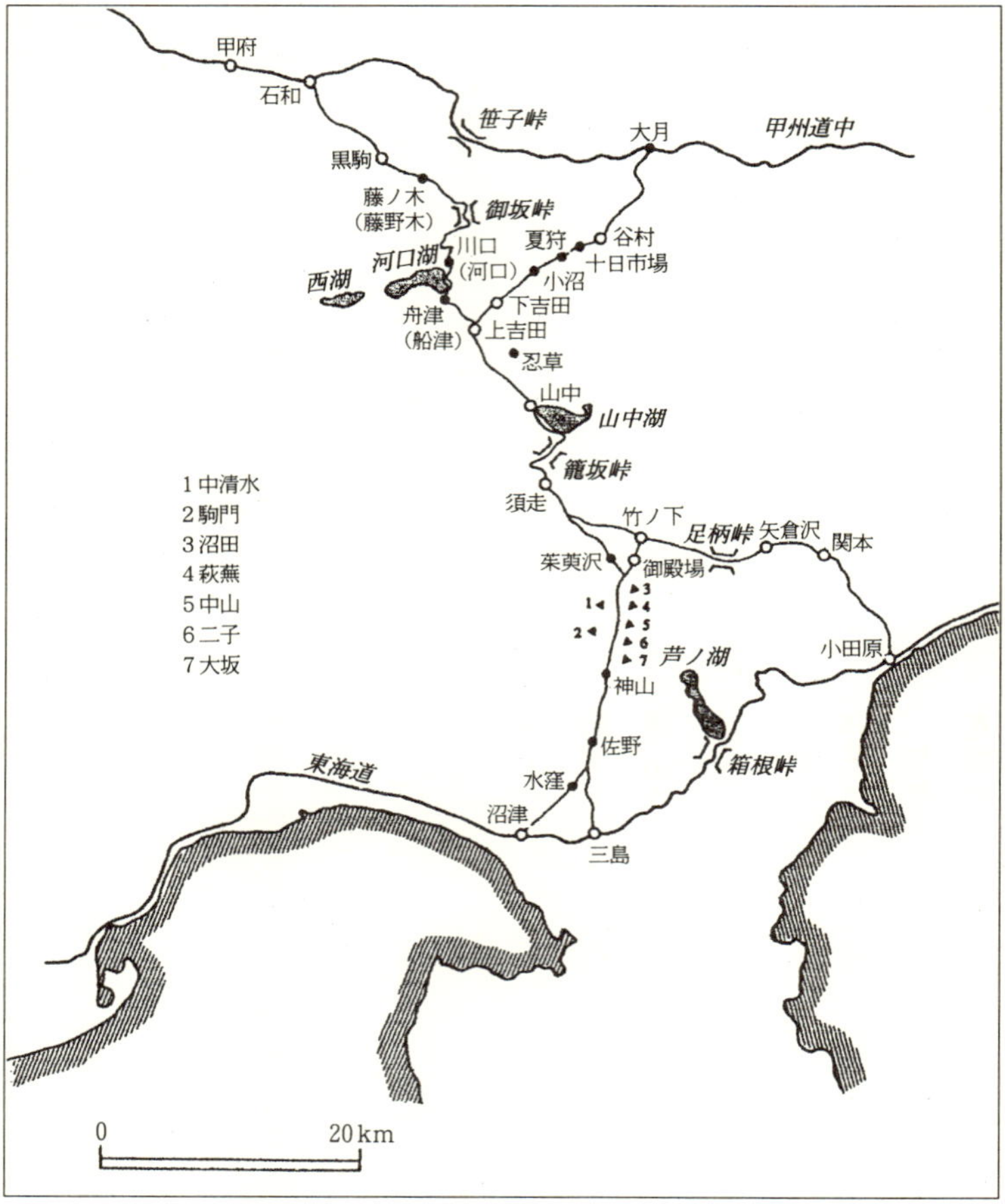


図3　近世鎌倉往還と東海道・甲州道中

先述のようにこの道筋は、信州方面から甲府を経由する米穀・酒の流通路であったが、他方太平洋岸の相駿方面からの五十集荷物の輸送路として、甲州郡内領谷村や上・下吉田さらに甲府への重要な道筋であったことから、元文二年の争論も、駿州沼津・口野の魚問屋から甲府に送られた五十集荷物をめぐって起こった。

この事の起こりは図3で見るように、沼津から甲府への五十集物の附通し荷物を、御坂峠南側の河口湖村で継ぎ送ったところ、それを藤《とう》ノ木村が附通しを拒否し、それを引き下したうえ宿継ぎ荷物として、次宿の黒駒宿に継立てたことが発端となった。このため河口村は、このことを勘定奉行所に訴え、さらに小田原・沼津・口野の魚問屋が訴追して争論が始まった。

鎌倉往還は、古代東海道から甲斐国府を結ぶ官道であり、中世はその名のように鎌倉への道筋として重要視されてきた。しかし近世となり、軍事・政治的安定とともに経済的重要度を増してきた。とくに享保九年(一七二四)、甲府藩柳沢家の大和郡山転封以後、甲州全域が天領化されると、この鎌倉往還の関所は、河口・船津・山中の三カ所のうち河口・船津を廃止し山中だけ残され、交通運輸上の障害が取り除かれて経済的性格をいっそう強めていった。

このような状況の中で藤ノ木村では、従来から黒駒・河口間の人馬継立て御用を勤める宿として、その社会的な役割や立場に大きな変化が起こってきた。甲州一国天領化にともなう御用荷物輸送の減少に代わり、「商い荷物」輸送の発展する中、荷主の経済的意図が優先され、附通し荷物が一般的になって宿継ぎ荷物が減少し、宿場的機能を失った不満が、藤ノ木村をしてこのような強硬手段を取らせた根源にあった。

とくに魚荷物は鮮度が命であり、荷傷みを嫌ったから、荷主は、沼津から甲府への魚荷物は、途中須走・河口のみで継立て、途中の経由地には口銭だけを払って附通す方法を取った。しかし、この経由地である水窪・佐野・神山《かみやま》・茱萸沢《ぐみざわ》・山中・上吉田には一駄一〇文の口銭が支払われていたにもかかわらず、藤ノ木村にはこれが支払われていなかったから、これら各地同様一〇文の口銭支払いを要求した。このようにして、元文三年一〇月裁許が下され、当事者間での解決を促された結果、河口側が附通し口銭一駄一〇文を出すことで解決を見たのであった。

この口銭問題は、見るように鮮魚・五十集物に関するものであったが、この年の一二月になると、五十集物のみに限らず、「商い荷物」全般に関わる口銭問題へと発展していった。この争論は、五十集物などの魚荷物については、一〇文の口銭をすでに得ていた駿州御厨《みくりや》領水窪・佐野・神山・茱萸沢の四カ村が、荷主である甲州山中・上吉田と駿州沼津・豆州三島の問屋、それに須走村を相手に起こした。そこへ甲州郡内領総代として上・下谷村と境村の三カ村、さらに沼津・三島からは水窪など四カ村を附通すことになる郡内領忍草《しぼくさ》村と、同じ立場にあった中山・大坂・萩蕪・二子・沼田・中清水・駒門七カ村とがそれぞれ追訴し、沼津・三島から谷村まで、道筋全域にわたる大争論へと発展していった。

この訴えは広範囲の地域にわたるため、翌元文四年一一月になって幕府評定所の扱いとなり、同五年四月から取調べが開始され、同年六月裁許に至った。その裁許の基本とするところは、訴えはいずれも無証拠としたうえで、鎌倉往還は脇道でもあり、当事者間でよく「熟談」のうえ、「相対申合せ」をもって解決をはかれというものであった。そのため、訴訟方御厨領水窪・佐野・神山・茱萸沢四カ村と須走・山中・上吉田三カ村は、従来からの諸荷物継立場所であることから、「商い荷物」の継立を認める。しかし口銭は、荷主が勝手に継ぎ通す鮮魚・五十集物類についてのみ、「相対次第」で徴収せよと命じた。また自村に継立馬をもたない沼津・三島・須走については、近隣諸村からの「呼び馬」をもって継立を認めたのであった。

このことは、継立場の村々は自村の馬での継立による駄賃稼ぎはもちろん、沼津・三島・須走で「呼び馬」として働き駄賃稼ぎをすることを公認する結果となり、広範囲の地域に駄賃稼ぎを生み出していった。そうした駄賃稼ぎの村々は、神山・茱萸沢間に散在する中山・大坂・萩蕪・二子・沼田・中清水・駒門や須走と吉田・谷村間にある山中・忍草村などであり、この裁許をもってこれらの村々の駄賃稼ぎが公認された意義はきわめて大きかった。

しかし、輸送需要が急速に増大しつつあった鎌倉往還で、継立の権利を主張する継立村と、ここを通過して「商い荷物」を送ろうとする沼津・三島の問屋や谷村などの荷主、直接輸送に携わる駄賃稼ぎを抱える中山など七カ村や山中・忍草の村々、これらそれぞれの利害が複雑に絡み合う争論に対し、裁許はあくまでも「相対」による解決に委ねる方法を取った。そのため、もともと「相対」での解決が困難のため訴訟になった者たちに、「相対」での解決を求めるものであったから、当事者はそれぞれ好都合に裁許を解釈して、いっそうの混乱を引き起こし、早くも同年一〇月には再論となったが、これは当然なことであった。

この再論への裁許は同年一二月に出されたが、この際は新たに下吉田と谷村の中間にある小沼《おぬま》村での継立を認め、沼津宿で口銭・庭銭の徴収を認めたが、結局これが原因で、翌寛保元年（一七四一）には再々論となり、小沼での継立と沼津宿での口銭・庭銭徴収は廃され、元文五年の裁許の旧態に戻された。

この後、文政三年（一八二〇）から同一〇年までの間、ここでは附通しを望む谷村商人から荷継場である山中・須走を相手取る争論が起き、関係の諸村を巻き込む大規模な争いへと発展した。これは、荷継場と荷継問屋に対し、附通しを望む駄賃稼ぎと荷請問屋との対立が表面化した争論であり、これは元文以来の古くて新しい問題であった。しかしそこには、元文期以上に「商い荷物」の駄送が活発に行われるようになった背景があり、幕府も文政九年三月から七月まで四カ月間にわたり現地に役人を派遣して行った実態調査にもとづき裁許を下している。それによると、現実の慣行に従い「継立」の場合は荷主より継立場の問屋に庭銭を支払い、「附通」の場合は馬士から継立場の問屋に口銭を支払う裁許を下した。

この当然すぎる裁許は、この道筋で不明確のままに繰り返し問題となっていた継立と附通しについて、明確な結論を与えた。すなわち口銭を支払いさえすれば、附通しは自由とする慣行が確立したことであり、この道筋で駄賃稼ぎに新しい局面を生むこととなった。これは荷主よりすれば輸送方法の選択幅を広げることとなり、他方馬士にとっては、積荷を求めて荷継問屋に従属することから脱して、自らの才覚により、より自由で有利な駄賃稼ぎの方向へと、自ら発展させる機会を得たのであった。

この裁許のための調査により下吉田村で買入れた「商い荷物」について、附通しと継立との比較を表5・

6で見ると、文政二年は一八九〇駄中一八四〇駄が附通しであり、継立はわずか五〇駄にすぎない。また同様に、下吉田村の荷継問屋吉嶋屋大学での「入荷調覚」を見ると、文政二年一二七二駄中一〇〇二駄が附通しであり、継立は二七〇駄にすぎず、附通しの比率は七九パーセントとなっている。この吉嶋屋は「荷継問屋」であるにもかかわらず、実際の継立は二一パーセントにすぎず、年間収入の多くを、取扱い荷物の八〇パーセント近い附通しの口銭に依存していた。

表5　下吉田村買入商諸荷物高（文政元年～7年）

| 年度 | 附通 | 継合 | 合計 | 沼津附通 |
|---|---|---|---|---|
| 文政1年 | 1,540駄 | 72駄 | 1,612駄 | 72駄 |
| 2 | 1,840 | 50 | 1,890 | 95 |
| 3 | 1,599 | 193 | 1,792 | 89 |
| 小計 | 4,979 | 315 | 5,294 | 256 |
| 文政5年 | 1,268 | 133 | 1,401 | |
| 6 | 1,148 | 248 | 1,396 | |
| 7 | 1,078 | 165 | 1,243 | |
| 小計 | 3,494 | 546 | 4,040 | |

注1）『富士吉田市史』近世史料編Ⅰ－110より作成。
　2）沼津附通は附通内数。

表6　下吉田村吉嶋屋入荷商諸荷物高（文化14年～文政6年）

| 年度 | 附通 | 継合 | 合計 |
|---|---|---|---|
| 文化14年 | 755駄 | 300駄 | 1,055駄 |
| 文政1年 | 725 | 314 | 1,039 |
| 2 | 1,002 | 270 | 1,272 |
| 3 | 541 | 494 | 1,035 |
| 4 | | 642 | 642 |
| 5 | | 773 | 773 |
| 6 | | 1,003 | 1,003 |

注）『富士吉田市史』近世史料編Ⅰ－114より作成。

このように、沼津あるいは小田原などからの附通し荷物が、「商い荷物」の主流となっていたが、ここ鎌倉往還を北上する諸荷物の目的地は、谷村と甲府であった。とくに鮮魚・五十集などの海産物のうち甲府に送られたものは、甲府から西に送られ、信州諏訪はもちろん高遠を経由して伊那谷を南下して飯田にまで達していた。これは先にもふれた宝暦一三年（一七六三）の信州飯田での高遠荷物の中に、駿豆州からの魚として記載されていることから知ることができる。

沼津から飯田までは二〇〇キロメートルを越える距離があるが、この海産物ルートは、本州中央内陸部でも最も遠距離の例であろうが、これよりはるかに近く、六〇キロメートルほどの距離である谷村では、より多量の海産物が消費されていたことはいうまでもない。天保期（一八三〇〜四三）頃、谷村での飲食代の請求書や魚屋の請取書の分析によると、その具体的姿を知ることができる。飲食代では大鯛・ふぐなどの刺身や塩焼など、魚屋の請求書では生まぐろ・生ぶり・鯛・黒鯛・いか・いなだ・あわびなどの鮮魚をはじめ、塩まぐろ・塩鯖・干鯖・干鰯・するめ・なまり節など、塩物や干物を見ることができる。この請求書などは、豪農松木家に関わるものであり、やや特殊にも考えられるが、谷村ではこうした海産物を容易に手にすることができたのであり、いずれも沼津方面から送られた「商い荷物」であったことは間違いないところである。

ここ谷村での商業活動については、天保後期の様子を知ることができる。そうした谷村商人の一人であった但馬屋（志村治良家）に残る諸帳簿類は、当時の多くのことを知らせてくれる。まずその取り扱っている商品であるが、中心的な商品はあるにしても、利潤の多い商品をかなり多様に取り扱うことが一般的であった。但馬屋でも米穀をはじめ酒類・衣料反物類・塩・酢・醤油・油・わらび粉・こんぶなどの食品類、日紙・水引・元結などの紙類、線香・ローソク・白粉・針などの小間物類、傘・笠・麻縄・青莚などの荒物類、筆・墨・手習手本・顔料などの文房具類、薬品類、農具類など、きわめて多様な商品を取り扱っていた。この多様さは、地域経済を考えるうえからも、また地方在郷町の商家の経営を考えるうえからも、それら商品の生産と流通を具体的に知ることができ、きわめて興味深いものである。

これら多様な商品を供給する取引相手のうち、年間を通して一定額の取引のある者の所在範囲は、遠くは越前、近江に及ぶが、大略東は江戸、西は信州松本・諏訪・高遠・飯田の間であった。しかし、その内側には小田原・沼津から甲府にわたる範囲でより密度の高い商圏があり、活発な商品流通が行われていることが見てとれる。この商圏こそ但馬屋に限らず、谷村商人一般の商業活動の範囲であったと考えられる。但馬屋の取引品目の中には、鮮魚や五十集こそないものの、先述のような多様な商品がこの地域から供給されていて、それはいずれも駄賃稼ぎにより駄送されていたことがわかるのである。その様子をさらに詳しく次に見ることとする。

まず谷村から最も遠方である越前の鍋屋吉江三郎右衛門からは、鎌や桑切り包丁などの農作業用の刃物類を仕入れている。これは江州川並（滋賀県五個荘町）の嶋屋徳兵衛からの針・扇子・白粉・三味線糸などの工芸品的な小間物類とともに、東海道沼津宿経由で谷村に送られてきている。しかし、これらの諸品はいずれも直送されてきており、但馬屋と取引のあった鎌倉往還筋の問屋を仲介しての取引ではなかった。これらの商品は生産上の地域的特性をもち、遠距離を送られてきており、その際距離はそれほどの障害となっていないことがわかる。それはまさにここ谷村周辺で生産される「郡内織」が、元禄期には東海道経由や甲州道中から中山道を経由して京都に送られていた事実にも対応するものであった。そしてまたこれほどの遠距離ではないが、そのような例は、但馬屋の史料の中にほかにもいくつか挙げることができる。たとえば信州飯田からの紙やその加工品である水引・元結や傘や桧笠、あるいは諏訪・高遠からの大量な酒、松本からの麻織物や麻縄、江戸からの文房具類などがそれである。また効能こそが問われる薬類などは、生薬・合薬ともに各地から送られてきており、越中各地をはじめ信州木曽・伊那あるいは甲府、水戸や上総・下総・武州各地や江戸など、広範囲から送られてきている。

しかしこれとは別に、但馬屋と取引の多かったのは、鎌倉往還筋の須走・御殿場・沼津などの荷問屋であったことはもちろんであり、ちなみにそれら荷問屋の名前をあげると次のような店があった。日野屋兵右衛門・一文字屋甚四郎・油屋九左衛門・絹屋万兵衛・吉田屋勘九郎・伊勢屋喜助・阿波屋清左衛門・富士屋善六などの名が見え、このほかには下吉田村吉嶋屋大三郎・同安兵衛などが取引のある荷問屋であった。これら諸々の荷問屋のうち、但馬屋との間で最も多量な取引があったのは、御殿場の日野屋兵右衛門であり、米・わらび粉・こんぶなどの食品類のほか、小田原提灯・ローソク・火縄・硫黄などの荒物類、徳利など瀬戸物類や針金・鍬などの金物類などが取引されていた。

ここに見る谷村への「商い荷物」のほとんどは、駄賃稼ぎによる馬荷物として運ばれてきたのであり、これら駄賃稼ぎは単なる駄賃稼ぎとしてだけでなく、さまざまな面で商品流通の各場面で関わりをもった。この但馬屋と天保末年に大量な酒類取引を行っている伊藤又左衛門は、信州諏訪の商人であろうと推測できるが、その代金の決済方法をみると、荷為替の方法によっている。これは馬士を介しての決済方法であり、信州中馬の特色的な輸送方法であったことから、伊藤又左衛門からの酒類は信州中馬によって輸送されていたと推定できる。

また江戸方面から谷村への「商い荷物」は、甲州道中島沢宿で継立てられて、谷村まで附通しされていることから、島沢宿の駄賃稼ぎの手によって谷村へ届けられている。これに対して駿州方面からの荷物は、沼津・御殿場・須走と継がれているが、またこれら各地から谷村までの附通し荷物として、山中・忍草・長池などの駄賃稼ぎの手により附送られていることが、但馬屋の諸帳簿を通して知ることができるのである。

ここ鎌倉往還筋で活躍した駄賃稼ぎについては、地元の山中馬や忍草馬などに混じって、先述もしたように、早くから酒や米穀類を積んだ信州中馬の進出が見られたが、このほかに九一色馬が活躍していたことも特色的であった。九一色馬は右左口馬とともに、甲府から富士山西麓を通って、東海道吉原宿に至る駿州中道往還筋にある、いわゆる九一色郷一四カ村の村々と右左口村に、幕府から与えられた「諸商売御免」の特権に由来するものであった。このため、早くからその活動の場を隣接する鎌倉往還筋に拡大してきた。これにより宝暦一〇年（一七六〇）には、山中村との間で口銭徴収に関わる争論が起きた。これは同年一二月評定所の裁許となり、九一色馬は従来通り無口銭での附通しが認められて落着した。

この裁許によると、この時期九一色馬の活動範囲は東海道沼津・原・吉原・蒲原宿から江尻宿まで及び、甲州道中筋では黒野田・白野・初狩・大月・猿橋宿から鎌倉往還筋では川口から須走に及んでいたことがわかる。しかし九一色馬は、これにより早く元禄一四年（一七〇一）吉原宿への材木の附通しで争論となっていることからもわかるように、とくに駿州との関わりは深かったのであるが、やはり主たる活動の場は、地理的にも鎌倉往還筋よりも中道往還筋であり、とくに原・吉原から中道往還を通り、甲府魚町への魚輸送は、九一色馬と右左口馬の特権的な専業として認められていた。

なおこうした九一色馬の活動は、先述のように享保期には江戸に進出して、江戸での駄賃稼ぎをめぐって伝馬町との間で争論を起こしており、文政一二年には中山道下諏訪宿以東一六宿と争論となるなど、その活動範囲を拡大していった。それらについては、それぞれ関係する節でふれるが、「馬士一人ニ馬二匹又三匹ヲ牽ク」(『甲斐国志』)信州中馬に類似した活動は、駄賃稼ぎとしても重要な意義をもつものであった。

## 四　信州と三・濃州間の駄賃稼ぎ

甲州で「商い荷物」の駄送について大きな役割を担った町は甲府や谷村であったが、信州では松本・飯

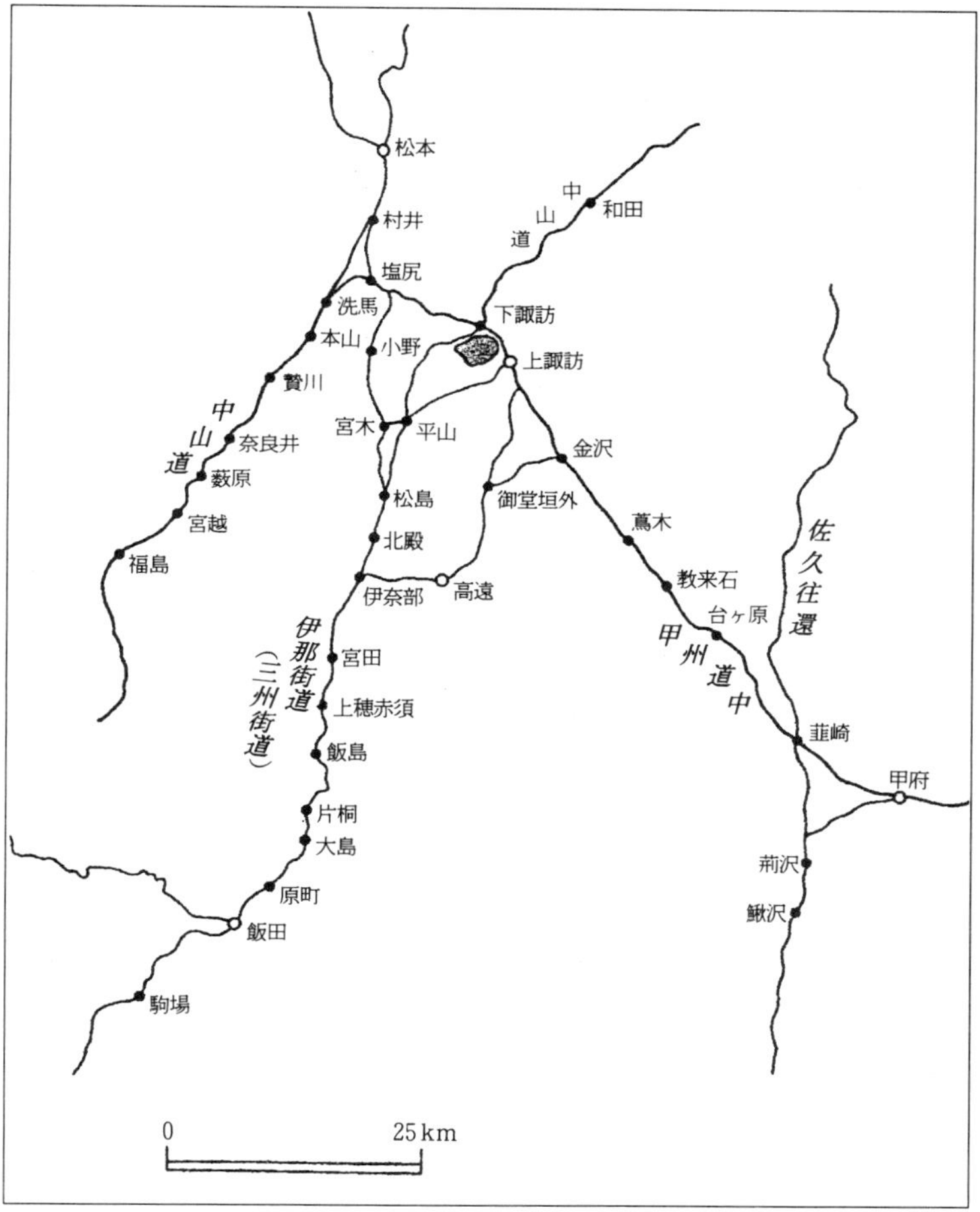


図４　近世伊那街道と中山道・甲州道中

田・上諏訪・上田などの城下町を挙げることができる。このうち飯田は、三州往還によって南は三・濃・尾・遠・駿州方面、北は松本・善光寺を経て越後・越中に達し、高遠・諏訪を経ては甲州・上州に連絡する枢要の地に位置していた。

こうした三州往還の要地飯田は、戦国期甲州武田家西上の拠点として、また天正一〇年（一五八二）織田信長の武田家攻略にも重要視され、同一八年小田原北条家滅亡後は秀吉により毛利・京極氏がここに封じられた。この京極家により飯田・松本間に伝馬宿継ぎ制が整備されていったが、慶長六年（一六〇六）京極家に代わり、小笠原家がここに入り、同一八年に松本に転封、飯田は同家預かりとなった。

その後飯田は、元和三年（一六一七）脇坂家の支配となったが、この間に飯田から松本に至る宿駅はいちだんと整備され、図4に見るような各宿駅の成立を見た。それらは南から飯田・市田・大島・片桐・飯島・赤須・上須・宮田・伊那部・北殿・松島・宮木・南小野・北小野・塩尻・村井・松本である。このうち赤須・上須は当番で替り合の継ぎ立て、南北小野は上り下りで替り合の継ぎ立てであった。また塩尻は、すでに慶長一八年には松本藩主小笠原長秀の手によって、洗馬・本山宿とともに中山道の宿場として起立されていた。

この伊那谷を南北に縦断する三州往還の重要性は先述の通りであるが、近世に入り元和偃武以後は急速に軍事・政治的重要性を失い、各宿での公用人馬の継立は激減し、武家の通行などないままに宿駅とは名ばかりの有名無実の状態となった。そのため、各宿は「商い荷物」の継立に活路を求めた。しかし、そこに活路を求めるられ得ることは、取りも直さずこの天竜川に沿った伊那谷が、古くから本州中央内陸部と東海地方とを結ぶ道筋の一つとして、重要な商品流通路であり、近世宿駅制の成立以前から、すでに「手馬」による「商い荷物」の活発な駄送が行われていたためでもあった。

物品の輸送、わけても「商い荷物」の輸送は、より安い運賃でより早く安全に果たされることが条件であったから、荷主は宿ごとに積み替える公的な宿継ぎと比較すると、より早く荷傷みも少ない私的な「手馬」をもって、数宿を附通す駄送方法を望んだ。ここに「商い荷物」の輸送をめぐり、宿駅による宿継ぎ駄送と、「手馬」による附通し駄送との競合と対立が表面化し、両者間の紛争が多発するようになった。

そうした紛争はすでに寛永二一年（一六四三）には起こっている。それは、伊那谷最北部の宮木・大出・小野・荒倉村などが、それまで宿継ぎ荷物であった茶を、手馬をもって附通したいと領主脇坂安元に出願したことに始まる。この出願は認められず、茶荷物は宿継ぎ荷物であることが確認されたが、同様の出願はその後万治四年（一六六一）、寛文一三年（一六七三）にもなされている。このようにして寛文一三年六月には、幕府評定所の裁許をもって農民側が勝訴となり、茶荷物は附通し荷物と認められたのであった。

この勝訴は、訴状で述べるように従来農民側が「手前荷物」を「手馬」をもって運ぶ際も、宿問屋側は附通しを認めず、積荷を差し押さえ、宿継ぎ運賃の半分にもあたる額を「口銭」として徴収してきたことに対し、農民側の反発が実った結果であった。その裁許の内容をみると次の二点に要約できる。第一は「商人荷物」の「通馬」は、農民側の主張の通り発送地から目的地まで認め、第二は「継馬荷物」の駄賃は、五街道など「海道之並」とせよ、というものであった。

この裁許でわかるように、農民が従来「手前荷物」と称して「手馬」で駄送してきた品々は、三州往還ではこの時期になると、自家用消費にあてるためのものなどではなく「商い荷物」であるとし、その宿場での「附通し」は従来からの慣行として公認した。その上で「宿継ぎ」とする「商い荷物」は立茶（点茶）・紙荷・ひつ荷（櫃荷）・めんたい（綿胎）・ふと物（太物）・麻苧・たばこの七品目（「七色之荷物」）を指定し、その駄賃を街道並とするように命じたのであった。

ここで注目すべき点は、農民たちが「手馬」による「手荷物」として駄送していた諸荷物を、その実態に即して「商い荷物」として、宿継ぎによらず附通すことを認めたことであった。このことは訴状にあるように、農民たちが耕作の合間に自分の「手馬」をもって駄送を行い、その利潤をもって年貢上納の補いとすることを、幕府が公認したことである。そしてこの「手前荷物」とは、取りも直さず「商い荷物」であり、この駄送はほかならない駄賃稼ぎのためのものであることを幕府が公認したことであった。この公認は、「中馬稼ぎ」の慣行を幕府が認め、これが広く社会的にも認められた点で大きな意義をもった裁許であった。

一七世紀後半のこの時期、すでに三州往還では大量の「商い荷物」が中馬たち駄賃稼ぎの者によって駄送されていたことは、この寛文一三年の争論の際の大島・塩尻宿問屋からの口上書によって明らかであり、幕府の裁許もその実態に即してのものであった。この口上書によると、東三河黒瀬からの茶荷物は、年間六～七千駄に上り、このうち抹茶として飲まれる立茶（点茶）だけでも三〇〇〇駄に達している。このほか尾州からの繰綿・木綿（これには「七色之荷物」にある綿入れのための「めんたい」＝綿胎も入るであろう）、三州の太物などの商品が往還を北上していた。これに対し、松本方面からは麻苧・煙草・米穀類など、越後からは塩・魚などが南下する商品として書上げられていた。ここでは当時の信州を中心にして、東海地方の三・尾・遠州から日本海沿岸越後にわたる、本州中央内陸部を縦断する商品流通路の一端をうかがい知ることができる。

寛文期ここまで進展していた三州往還での「商い荷物」の駄送と駄賃稼ぎであったが、これは次の元禄期になるとさらに活発となり、大量の商品の流通を見るようになっていった。そうした様子は、元禄五年（一六九二）一一月、三州往還伊那一六宿から出された「手馬付通荷物取締願」によって知ることができる。それによれば、寛文一三年宿継ぎ荷物と決められた立茶など七品目の「七色之荷物」は六～七〇〇〇駄、手馬附通し荷物は八〇〇〇駄ほど、都合年間に一万四～五〇〇〇駄が三州方面から松本・越後方面に駄送されていた。そして、これら諸荷物のうち口銭荷物は柿荷・袋茶・茶の花・こずみ茶、無口銭荷物は鍋・砥・縁取御座・雑穀・魚・塩などであったことを知ることができる。

元禄・享保期と発展する伊那谷での中馬稼ぎは、宝暦九年（一七八九）新しい争論が起こる。その争論は中馬相互間の継合いのための「荷替」の慣行が、宿問屋での継立てにあたり、宿問屋の継立権を侵すとして、平出・松島宿が、松島宿の南に隣接する木下村の中馬荷替問屋を、幕府評定所へ訴えたことで始った。この裁許は「継荷」とは宿限りに継立てることとする解釈を正当とし、中馬による荷替は継荷にあたるとして、これは全面的に禁止され、中馬が拠所なく荷継をする必要の生じた時は、宿場で行うことが定められた。これにより宿場ではない木下村などの「荷替」の慣習は禁じられた。

この裁許は、宿場の機能としての継立を全面的に容認するものではあったが、しかし他方では、従来から伊那谷で行われていた中馬慣行の一部である荷替を全面的に否定するものであった。このため、翌宝暦一〇年から明和元年まで三年間にわたり、松島・北殿・宮木村を相手に、伊那谷八四カ村と松本商人による訴訟へと発展し、ついには信州全域にわたる再度の調査を経て、明和元年の裁許に至った。これによりいわゆる「明和裁許」が申渡され、以後信州中馬慣行の基準となったのであった。

この裁許のために幕府からは宝暦一二・一三年の二度にわたる調査が行われた。とくに一三年の調査は、御普請役元締米倉幸内・御普請役高橋八十八の両名を派遣し、中馬稼ぎ村々はもとより最寄の村方の村柄の見分、中馬稼ぎ道筋間数をあらためて絵図を作製するなど命じた。その調査範囲は御料・私領・寺社領ともに行い、信濃を中心に上野・甲斐・遠江・三河・美濃・尾張に達するものであった。こうした広範囲にわたる調査結果は各地に残されたが、中でも主要城下町である飯田や松本・高遠でのそれは、今日なお多くの情報を提供してくれる。

表7は、宝暦一三年の調査の際、飯田から提出された報告書によるものである。この内容は、飯田から各方面に出荷された品目と駄数を集計した「出荷分」と、後に明和九年の争論の際、宝暦一三年分として、

各方面から飯田町への「入荷分」とを併せて示したものである。この「出荷分」は、史料的には提出された時期が、「入荷分」よりも一〇年ほど遅れているが、ともに宝暦一三年の数値であることから、これを比較検討することは意義深いものがある。その意義の第一は、この表7が飯田を中心に南北二地域での諸々の「商い荷物」の入・出荷を示すものであることから、飯田が地域経済に果たした商品流通上の役割を示している点である。

表7　飯田出入荷物駄数

| 地　名 | 出荷物 | 入荷物 | 入穀荷物 | 計 |
|---|---|---|---|---|
| 松　本 | 9661 | 915 | 2300 | 12876 |
| 松本間 | 2327 | 5856 | 10500 | 18683 |
| 川東・近在 | | 4834 | 2650 | 7484 |
| 下諏訪 | 813 | 72 | | 885 |
| 上諏訪 | 401 | | | 401 |
| 高　遠 | 2435 | 1051 | 450 | 3936 |
| 名古屋 | 2598 | 6761 | | 9359 |
| 岡　崎 | 219 | | | 219 |
| 吉　田 | 193 | 14280 | | 14473 |
| 新　城 | 985 | | | 985 |
| 三州間 | 25 | | | 25 |
| 岩　村 | 1351 | | | 1351 |
| 妻　籠 | 445 | | | 445 |
| 遠　州 | | 2726 | | 2726 |
| 計 | 21453 | 36495 | 15900 | 73848 |

注１）出荷物は，宝暦13年書上の12年駄数。(『長野県史』近世史料編　第四巻（三）南信地方　1860)
２）入荷物・入穀荷物は，明和９年書上の宝暦13年分駄数。但し概数である。（同上　1869）

すなわち飯田への入荷駄数の総計は、約三万六五〇〇駄であるのに対し、飯田から他地域に出荷された駄数は、約二万一五〇〇駄である。この入・出荷駄数の差額約一万五〇〇〇駄が、飯田とその近辺で消費されていることとなる。この数値では、当然なことながら飯田とその近在で生産される商い荷物の量を考慮に入れていないが、入出荷量の対比だけで考えると、入荷物の約四一パーセントがここで消費されているということができる。

この入荷総計約三万六五〇〇駄のうち、約六五パーセントにあたる約二万三八〇〇駄は、飯田以南の尾州名古屋・三河などからの入荷であり、飯田以北の松本など信州各地からの入荷は、約三五パーセントにあたる約一万二七〇〇駄にすぎない。また出荷総計約二万一五〇〇駄のうち、約七三パーセントとなる約一万五六〇〇駄は、松本をはじめとする信州各地に出荷されているのに対し、飯田町以南の三河各地や尾州名古屋などへは、約二七パーセントにすぎない約五八〇〇駄が出荷されているのみである。

以上のことによってわかるように、近世飯田町の生活は、尾州名古屋など東海地域に経済的に依存する中で、東海地方から中央内陸部への中継地としての役割を負っており、そうした商品流通の担い手こそ、信州中馬や三河馬などの駄賃稼ぎたちであった。この東海地方からの卓越した商い荷物の流入は、一見東海地方から一方的な姿としてのみ映る。しかし、飯田以北から一万六〇〇〇駄にものぼる穀類が飯田に入ることを併せて考えると、この表7には現れないが、飯田以南三河地方への穀類の出荷が考えられ、必ずしも東海地方から信州内陸部への一方的な商品流通で終始するものではなかったともいえよう。しかし、この米穀類を主とする信州からの出荷に対し、東海地方からは、茶をはじめとするいちだんと消費的性格が強く多様な諸商品が入荷していたこともあり、飯田以南からの「商い荷物」入荷の優位は認めざるを得ない。

このように東海地方から駄送される商い荷物の優位は、当然ながら東海地方からの駄賃稼ぎたち――いわゆる三州馬・濃州馬の信州南部への進出を招く結果となった。とくに三州馬の進出は、年を追って増大する商品流通にともない、顕著となっていった。しかし明和裁許によって、この道筋での信州中馬の独占的地位が認められた結果、以後商品流通の拡大する中で、三州馬の信州南部への進出は抑圧されつづけた。このような情況の下で、文化一三年（一八一六）、三州津具村政右衛門らを惣代とする幕府評定所への訴願は、伊那郡六二カ村中馬惣代による三州馬の積極的排除に対抗して起こされた。この一件は文政三年（一八二〇）に至りようやく裁許に至ったが、しかしそこでも信州中馬の独占は認められる結果となり、以後も折りあるたびに両者間での争論がつづき、明治期に及んでいる。

その文政三年の裁許の骨子は、次のような内容であった。

①松本荷問屋から送状をもって送り出された荷物のうち、飯田などでいったん荷卸しをしても荷主が替らない荷物は、附通し荷物同様であるから、明和度の裁許通りすべて信州中馬荷物とする。

②信州への戻り荷も同様に考えるが、吉田からの戻り荷のうち船廻しで新城に陸揚した信州送り分は、信州中馬荷物とする。

③その他飯田・新城の土地産の荷物と、吉田から馬により直送される魚荷物や他荷物等は、中馬・三州馬ともに荷主と相対でいずれの馬荷物とするか決める。

④三州馬の一綱数は、土地の産物を自分用あるいは商用とする場合は制限はないが、駄賃稼ぎの場合は一綱二疋立とする。ただし荷物の多く混雑の際は一綱三疋を認める。もっとも二ないし三駄分の荷物を四駄に振割ることは許可する。

⑤武節組（三州往還足助方面）も吉田方面で駄賃稼ぎの折は、右の各項に準じる。ただし武節組にあっ

ても、これまで吉田方面での駄賃稼ぎに出なかった村方は、今後も吉田方面での駄賃稼ぎは許可しない。

⑥新城の馬宿・荷宿は、信州中馬荷物の取扱いについて、明和度の裁許に相違する点があったことは不束であるので急度叱とする。

以上のように、文政三年裁許は明和元年裁許を基準として、信州中馬の独占権を容認した上であらためて三州馬は二疋立とすることを明記している。この二疋立は信州中馬が常時三～四疋立としているのに対して、明らかに格差をつけるものであった。しかし、こうした格差を設けながらも他方附送るべき積荷が多く、混雑の際は三疋立を認め、二～三駄分の積荷を四駄分として積むことを認めるなど、三州馬の過去の実績を認めての配慮のなされたことも、評価する必要がある。これは先述したように東海地方から信州への「商い荷物」の量的卓越傾向は、時代を下るとともにいっそう顕著になっていたことへの対応にほかならなかったといえよう。

あらためて信州と三・濃州間の駄賃稼ぎについて考えてみると、明和元年・文化三年の裁許がそうであったように、信州の中心は松本にあり、文化三年の裁許でも松本荷問屋との関係を前提としていた。そして、飯田は松本と東海地方の中間にあり、伊那谷への入口に位置し、信州と東海地方とを結ぶ中継地として重要な機能を果たしていた。これにより三州馬の行動北限は飯田であり、伊那谷南部の中馬の稼ぎ場は三・濃・尾州方面にあった。これに対して飯田から北に松本までの間は、伊那谷北部の中馬の活躍の場であり、諏訪・甲府方面に及んでいた。したがって三州馬との競合の中心は、伊那谷南部の中馬であり、諸荷物の中継地であった飯田商人の動向がこの問題に深く関わり、問題の解決を左右していた。

右のように信州と三・濃・尾州の関係を伊那谷を中心として見ると、たしかにこのようにいえるが、木曽谷―中山道筋を中心にして見ると、その関係は異なっているといえる。次に木曽谷での駄賃稼ぎについてみたい。

**表8　松本出入荷物駄数**

| 地　名 | 出荷物 | 入荷物 | 計 | 備　考 |
|---|---|---|---|---|
| 飯　田 | 3090 | 588 | 3678 | |
| 甲　府 | 9400 | 1470 | 10870 | |
| 諏　訪 | 1950 | | 1950 | |
| 高　遠 | 216 | 100 | 316 | |
| 木　曽 | 2200 | | 2200 | |
| 名古屋 | 6532 | 5489 | 12021 | 三州往還飯田経由 |
| 名古屋 | 1106 | 1853 | 2959 | 中山道木曽経由 |
| 岡　崎 | 250 | 1550 | 1800 | |
| 吉　田 | 180 | 1000 | 1180 | |
| 新　城 | 260 | 1000 | 1260 | |
| 計 | 25184 | 13050 | 38234 | |

注）宝暦13年書上駄数。但し概数。（『長野県史』史料編　第五巻（三）中信地方　1229）

中山道を経由する「商い荷物」の流通を具体的に示す例としては、宝暦一三年御普請役元締米倉幸内・御普請役高橋八十八両名への松本荷問屋からの報告がある。その報告は飯田経由のものに併記されているので、そのうち松本・名古屋を結び、直接中山道を出入荷する「商い荷物」の品目と数量を比較した表8を見ると、次のようなことがわかる。

まず第一に「商い荷物」の総量を、飯田経由と中山道経由の場合を比較すると、飯田経由の場合の駄数は、出荷量約六五〇〇駄、入荷量約五五〇〇駄合計一万二〇〇〇駄に達している。しかし中山道経由の駄数は、出荷量約一一〇〇駄、入荷量約一八〇〇駄合計三〇〇〇駄弱にすぎない。この量は名古屋を対象にした場合、中山道経由の量は、飯田経由の場合の約四分の一にすぎないものであることがわかる。しかも、この松本と名古屋との間の往復する荷物量は、中山道を経由する「商い荷物」の主流であり、このほかには中津川間を往復するものとしては大豆・小豆荷七〇〇駄と、戻り荷としての竹箍《たが》二〇〇駄と瀬戸物二七〇〜二八〇駄の合計約一〇〇〇駄弱と、木曽行荷物としての米二〇〇〇駄ほどと大豆・小豆二〇〇駄ほどのほかは、草履、草鞋・ねござ・むしろなど藁製品があるにすぎない。先述の通り、飯田経過「商い荷物」の総量が年間二万五〇〇〇駄を越えることに比較すると、はるかに少量であったということができる。

このように松本・名古屋間の「商い荷物」の流通量について、三州往還を通り飯田を経由する道筋と中山道を経由する道筋とは大きな格差を生じたが、その原因として、いくつかの点があげられる。まず運賃について比較すると、たとえば松本からの煙草荷では、飯田経由の場合一駄金一分五匁から金一分一二〜三匁であるのに対して、中山道経由では、金一分七〜八匁から金二分である。これは金一両を銀六〇匁で計算すると、前者が銀二〇匁から銀二七〜八匁であるのに対して、後者は銀二二〜三匁から銀三〇匁となる。また名古屋からの綿荷についても同様で、飯田経由では一駄銀二〇匁から二五匁であるのに対し、中山道経由では一駄銀二〇匁から二八匁となり、運賃は中山道経由がいずれも高値である。

このように中山道経由は運賃が割高であることに加え、五街道の一つ中山道筋では、各宿場の特権は三州往還とは比較にならないほど強力なものであった。このため、明和裁許でもその特権を認め、各宿四文の宿場口銭の徴収を認めているが、これは、多分明和裁許以前からの慣行の追認であったと考えられる。

この一駄四文の口銭徴収も、また飯田経由に比較して、「商い荷物」の流通量を減少させる要因であったであろう。

これらの諸要因に加え、木曽谷は名古屋藩領に属し、飯田や松本のような有力な城下町は発達せず、城下町的消費都市の成立を見なかったこともあり、三州往還における飯田のような物資集散的機能を果たす場所を欠いていた。これらのこともあり、地元での信州中馬や三州中馬のような駄賃稼ぎの発達を見なかった。このことは、明和裁許によって信州の広範囲にわたる中馬村の指定が行われる中で木曽谷の村々はその指定から外れ、筑摩郡中馬村は本洗馬村を南限としていることからもいえよう。三州往還沿いの伊那谷の村々はもちろん、東三河の村々では広範囲にわたり中馬や三州馬による駄賃稼ぎが見られた。しかしこれとは対象的に、木曽谷の中山道沿いの村々では、宿継ぎ馬での駄賃稼ぎが行われていたことは当然ながら、中馬などの長距離を附通す駄賃稼ぎの発達はきわめて乏しかったのである。この点も中山道筋での「商い荷物」の駄送総量に影響していたと考えられる。

このように飯田を経由する三州往還筋と、中山道を経由する道筋では「商い荷物」の駄送について大きな差異があったが、ともに信州と三・濃・尾州間を結ぶ駄賃稼ぎの場として、きわめて重要であったことがわかる。

この三州往還から松本への道は、前項で述べた甲州道中からの道と塩尻宿で合流する。いうまでもなく塩尻宿は中山道の宿場であり、中山道は東は関東から江戸に、西は木曽谷を経て美濃・尾張方面に連絡する。そして松本から北へは北国街道上田・善光寺から越後方面、また大町を経て糸魚川に結び日本海沿岸に達する。これら本州中央内陸部各地間の「商い荷物」駄送の一拠点が城下町松本であった。では次に松本から北に位置する日本海沿岸の越後方面についてみよう。

## 五　信州と越後間の駄賃稼ぎ

信州のほぼ中央である松本は、また本州中央内陸部の中心でもあり、太平洋岸と日本海岸との中間にあって、その両方面の接点の役割を担ってきた。

この松本を中世以来支配してきた小笠原氏は、天文一七年（一五四八）武田氏に追われるが、天正一〇年（一五八二）武田氏滅亡後旧領に復帰し、秀吉・家康に重用される。その後天正一八年家康により下総古河、慶長六年（一六〇一）には信州飯田に移された。天正一八年以来松本は石川数正・康長親子が二代にわたり領有したが、慶長一八年になり小笠原秀政が旧領に復帰した。しかし翌々元和元年、大坂夏の陣で秀政・忠脩父子は戦死し、その勲功をもって元和三年七月、播州明石に転封となり、松本は戸田康長の支配するところとなった。

この近世初期の石川・小笠原家支配の松本藩領でも宿駅制の成立を見る。この宿駅制は、松本町問屋として倉科家がその地位を確立し、その配下で継立のための伝馬役屋が確定し、しだいに整備されていった。

この松本藩領で宿駅制が確定していった道筋は二本あった。この二本のうち一本は、南からの三州往還が塩尻宿を経て村井で洗馬宿からの住還と合流して松本へ連絡し、ここから北上して丹波島で北国街道に連絡する北国西街道（善光寺街道）、他の一本は、松本から大町を経て、越後の糸魚川で北国街道に連絡する千国街道（糸魚川街道）とであった。

この二本の道筋での宿駅制は、戦国期以来の伝馬問屋の系譜をもつものたちを、近世宿駅体系に再編する方法で進められた。たとえば天正一八年、千国街道穂高で伝馬問屋職をもつ井口平八に対し、あらためて問屋職を安堵している。また慶長二年（一五九七）八月、領主石川氏は、北国西街道青柳宿の青柳伝右衛門に問屋として麻の抜け荷取締を命じているが、これも、武田家の信州攻略後に、同家が青柳宿問屋職を務めた由緒によるものであった。このようにして松本藩領では、慶長末年頃には宿駅制が確立していったと推定されている。

このように、松本藩領での近世宿駅制が戦国期以来の宿駅制の再編であったことから、すでに戦国期この地域にあって、近世的な交通運輸の発達があり、駄賃稼ぎもかなり活発に行われていただろうと推測できる。事実北国街道筋には、すでに戦国期に越後上杉家により牟礼・長沼・古間・関山・田切・荒井など伝馬宿が設けられていた。また千国街道にあっても、糸魚川を支配していた春日山藩堀家が、慶長九年（一六〇九）信州への積荷を扱う信州問屋六人を定め、千国街道山口・虫川両口留番所の通行手形発行権と口銭徴収権を与えたことからも、推測が可能である。この信州問屋の設置は、戦国期すでに塩・魚など海産物の輸送路として重要であったこの道筋に、近世初期の段階で、松本藩が宿駅制を整備して輸送を確保しようとしたことへの越後側の対応にほかならなかった。

千国街道は、松本藩領から他藩領を経過せず直接越後に達し、信越国境から十数キロメートルで海に達する唯一の道筋である。しかし宿場の大部分が自領内にあるこの街道は、飛驒山脈の東側姫川の河谷を通る険阻な山道であり、冬季は日本海からの豪雪に降り込められる難路ではあったが、松本藩は最も支配しやすい海への道筋として重要視してきた。

千国街道は、このようにきわめてきびしい自然条件の中で、分水嶺となる青木湖以南の南に開けた大町・松本までの道と、以北の北に向かう細い谷合の糸魚川までの道とでは、輸送手段を異にしていた。山道に強い牛による駄送は千国街道全域で行われたが、馬は山道に弱いため、平坦地の松本・大町間の駄送に限られていた。しかも一〇月下旬以降の積雪期になると、牛も利用できなくなるため、人背によるボッカ（歩荷）のみが唯一の輸送手段であった。

この千国街道でのきびしい輸送環境のもとでは、古くから歩荷による塩の輸送が一般的な輸送方法であったであろう。しかし地形や季節での差異を背景にして輸送手段の差異が生じると、これに呼応した輸送機構の変化を生んでいった。このような変化はすでに戦国期に起こっており、これを受けて松本藩による千国街道での近世宿駅制への再編整備が進められた。

松本藩はその再編の過程で、継立のため、松本問屋とともに成相新田・保高・池田・大町・海ノ口・沢渡・飯田・飯盛・塩島新田・千国の一〇宿に伝馬役屋を設定し、役馬一疋の負担に対し一〇石の負担免除を行う「伝馬石」の規定を設けた。そして成相新田・保高・池田・大町の四宿には宿問屋を置き、大町・海ノ口・沢渡・飯田・飯盛・塩島新田・千国までの七宿と、それにつづく土谷・来馬・島・大網四宿の都合一一宿には荷問屋を設置した。これをもって、宿問屋では主として公用荷物の継立を行い、荷問屋では主に商人荷物の継立を行い、城下町松本と信越国境・糸魚川の間を結んだ。

このような千国街道における各宿駅の間の格差については、「伝馬石」の対象になる千国までの一〇宿と、その対象にならない土谷・来馬・島・大網四宿との格差、宿問屋を置いた四宿と、荷問屋を置いた一一宿との格差、さらには宿問屋・荷問屋双方を置いた大町の問題ついては、平川新氏が著書『近世日本の交通と地域経済』で次のような見解を示している。

平川氏は、この格差を生じている接点が大町と千国であることに注目して、千国まで「伝馬石」の対象としたのは、千国番所役人らの公用往来の必要からとし、大町まで宿問屋を置いたのは、松本・大町間がとくに公用往来が多かったためであったとした。そして、大町に宿問屋・荷問屋双方を置いたのは、大町以北は公用往来に比較して商人荷物の往来が第一義的であったため、この接点の大町には双方の問屋が必要であったとした。このような見解をもってすると、千国以北四宿は公用往来は皆無に近く、商人荷物の往来のみのため、「伝馬石」の対象にならなかったと理解できる。このように考えると千国街道は、松本・糸魚川間――とりわけ荷問屋を置いた大町・糸魚川間は、商人荷物輸送のための道筋であると松本藩は考えていたということができる。このような近世千国街道での商人荷物を中心とする輸送を支えたのは、先述のとおり歩荷や牛馬背による駄賃稼ぎにほかならなかった。

この駄賃稼ぎのための牛馬の飼養状況は、ここ千国街道筋の山村の重要な産業であった。この飼養の様子は、元禄一〇年（一六九七）五月、折からの「生類憐れみの令」のもとで、千国街道筋にある大町組塩島村から提出された「牛馬御改之帳」（「長野県史　近世史料編」第五巻—三）に見ることができる。

これによると塩島村では村内三六軒で、牛（牝牛のみ）馬各八五頭都合一七〇頭を飼養している。このうち最も頭数の多い清兵衛家は、馬一二頭・牛九頭で計二一頭を飼養し、これにつづいて一四頭一軒、一三頭一軒、一一頭一軒、一〇頭一軒となっている。この七軒で村内七〇頭の約半数を占めているが、その反面牛馬のいずれか一頭だけを飼養している家は、一〇軒に上っている。これについて見ると、馬のみ一頭の家が三軒、牛のみ一頭の家が七軒である。さらに牛のみ飼養している家を見ると、この七軒に加え、二頭が三軒、三頭が二軒、四頭が一軒の都合一三軒となる。これらのことから、塩島村ではかなりの家が牛馬の飼養を行っており、広く駄賃稼ぎが行われていたのではないかと予想させる。このような状態は、ひとり塩島村に限らず、千国街道沿いの宿村に広く見られたところであろう。

さらにこの塩島村の牛馬飼養の実態に立ち入ってみると、元禄期の村内では、多数の牛馬の飼養を専門とする階層と、少数の牛馬しか飼養していない階層とに分化していた様子が見て取れる。この多くの頭数を専門的に飼養する階層は、松本藩から乗馬の飼養を請負い、多くの牛馬を広く他村に供給する階層であった。このことは、この階層から元禄一〇・一一年にかけ、馬一〇頭・牛三頭が売られたことからもいえる。他方少数の頭数しか飼養していなかった階層について見ると、ここでの飼養は馬より牛が多いことから、こうした階層の人々の多くは、自ら千国街道での駄賃稼ぎに従事しており、そのための牛馬――とくに山道の駄送に適した、牝牛の飼養を行われていたと考えることができる。

この時期、千国街道での駄送のための牛馬は、この街道筋で飼養され、その飼養にあたる村民自身が、ここでの駄賃稼ぎに従っていたことを、これらの史料は物語っている。しかし、その後の千国街道での駄賃稼ぎの盛行は、駄牛の不足を生じたのであろうか、南部牛の購入が行われるようになったことが知られる。大網村に残された文政七年（一八二四）の史料によると、東北南部地方に出向いて購入された牛二百数十頭のうち、その一部が「地買牛」として、大網村に運ばれてきている。

このようにして千国街道では、松本・大町間が中馬による馬背、大町・糸魚川間が牛背と歩荷による輸送方法が取られ、時として駄賃稼ぎたち相互の間で争論を起こしながらも、近世期を通して活発な駄賃稼ぎが行われてきた。

以上千国街道について見たが、次に松本から北上して善光寺で北国街道に結ぶ、北国西街道について見ると、以下のようであった。

近世期北国西街道は、松本から岡田・刈谷原・会田・青柳・麻績《おみ》・稲荷山・丹波島の各宿を経て善光寺に結ばれていた。ここがすでに戦国期以来宿駅制が設けられ、これが近世松本藩の手で再編されていった

表9　北国西街道青柳宿取扱荷物高

（単位：駄）

| | 継荷物 | 付越荷物 | 合　計 |
|---|---|---|---|
| 正徳4 | 6,255 | 4,190 | 10,445 |
| 5 | 6,052 | 4,164 | 10,216 |
| 享保1 | 6,021 | 4,235 | 10,256 |
| 2 | 5,300 | 5,185 | 10,485 |
| 3 | 4,788 | 5,897 | 10,685 |
| 4 | 3,044 | 7,424 | 10,468 |
| 5 | 2,842 | 7,353 | 10,195 |
| 6 | 2,480 | 8,387 | 10,867 |
| 7 | 2,074 | 8,652 | 10,726 |
| 8 | 1,987 | 8,922 | 10,909 |
| 合　計 | 40,843 | 64,409 | 105,252 |

注）「自正徳四年至享保九年閏四月筑摩郡青柳宿継荷物并付越高留」（『長野県史』近世史料編　第五巻（三）中信地方）

ことは先述の通りであるが、一八世紀初期、ここをどのような荷物がどのくらいの量通過していたかを知ることのできる史料がある。それは、松本の北六里半ほどにある青柳宿の享保九年（一七二二）の書上である。ここでいう「継荷」とは、青柳宿で継ぎ立てるいわゆる「宿継ぎ荷物」を指し、「付越荷」とは、青柳宿を附通すいわゆる「附通し荷物」をさしていることから、この表9は青柳宿での通過荷物の取扱方法の違いでの分類である。

それは表9に見るように、正徳四年（一七一四）から享保八年まで、一〇年間にわたる宿継ぎ荷物と附通し荷物の取扱量を示すものであり、それは、総量で年間約一万駄余に上っていることがわかる。このうち宿継ぎ荷物については、この青柳宿から松本方面会田宿へは、生坂方面からの煙草荷・油荷などが、また善光寺方面麻績宿へは、三州方面からの茶荷や木曽からの木工品など、主として各地からの「商い荷物」が送られていた。

ところが、青柳宿のこの一〇年間の各年間取扱荷物量について見ると、年間総量は約一万余駄とあまり増減はないが、内容的には宿継ぎ荷物と附通し荷物の比率が、この一〇年間で六対四から二対八へと大きく変化している。この逆転の時期は、享保二年であり、この年にほぼ一対一となった後逆転し、その格差は急速に広がっていった。このことは、それまで宿継ぎ荷物であった「商い荷物」のうち大方が、附通し荷物となっていったことを示しており、附通しによるより効率的な駄賃稼ぎが一般化していったことによるものであった。

このような、附通し荷物の増加と宿継ぎ荷物の減少は、一般的には、宿問屋の収入の減少を引き起こし、宿問屋の附け越し反対を生むが、青柳宿の場合、そのようなことはなかったようである。その理由は、附通し・宿継ぎいずれの輸送方法をとっても、宿問屋の収入には大きな違いが見られなかったためであろう。すなわち、享保七・八年の収入の記録から、一駄あたりの収入を計算してみると、附通し・宿継ぎいずれの場合とも変わりがなく、いずれも会田宿へは約五〇文、麻績宿へは約一〇〇文となっていたことから、このように考えられる。

北国西街道からは、岡田で東に分かれ保福寺から保福寺峠を越えて浦野から北国街道上田城下へのいわゆる保福寺道も、また北国西街道同様重要な「商い荷物」駄送の道であった。ここでも、上田城下から東行すれば追分宿で中山道を関東方面に、西行すれば北国街道を善光寺を経て越後方面に結ばれる要地であったから、保福寺峠を東西にはさんで中馬稼ぎたちの村々が集中していた。とくに峠の東側には、小県郡中馬村三五カ村の過半数が密集し、松本・上田の両城下町を結び、さらに次節の信州と上・武州間の駄賃稼ぎに活躍していた。

## 六　信州と上・武州間の駄賃稼ぎ

信州と上・武州間の駄賃稼ぎについて見ると、中山道を利用して倉賀野河岸までの道筋が最も重要であった。いうまでもなく、倉賀野河岸は利根川舟運の溯航終点であり、ここは関東各地はもとより、江戸に直結する舟運の拠点であったから、信州の中でもとりわけ東信から中信・北信の地域との輸送が活発に行われていた。

中山道へは、追分宿で直結している北国街道はもとよりであったが、千曲川東岸の松代以北の北信地域からは、地蔵峠から北国街道小諸宿、あるいは鳥居峠を越えて上州大笹宿、さらに須賀尾・大戸宿を経て、三ノ倉・室田から中山道高崎宿の道筋が盛んに利用されていた。この大笹宿経由の道筋については、古くから北信・越後方面と上州を結ぶ道筋として利用され、北信への近路として、途中の中山道・北国街道宿々との間に慶安三年（一六五〇）以来争論を生んだ。しかし、この際の幕府裁許により、この道筋の利用を認められた、松代以北のいわゆる「河西」の村々の人々に多用されるようになった。

中信地域での中心地は松本であるが、ここから中山道への道筋もまた多様であった。その一つは松本から南下して、直接中山道塩尻宿への道筋があった。しかしこれは、上州方面に向かうよりは、伊那谷や木曽谷へ向かうためや、甲州道中筋へ向かうために利用する方が好都合であった。この塩尻宿への経路は、倉賀野河岸へは遠回りであったから、松本から東に筑摩・小県両郡境の峠を越え、北国街道か中山道へ出る道筋が選ばれた。その道筋は、保福寺峠から上田に出る保福寺道、三才山峠から辰ノ口を経て、北国街道本海野・田中宿か、中山道芦田宿へ出る道筋、武石峠を経て中山道長久保・芦田宿へ出る道筋、扉石峠を経て中山道和田宿へ出る道筋などが選ばれた。中でも扉石峠越えの道筋が最も利用されたようである。

このような道筋を選び、北国街道から中山道、あるいは直接中山道を利用したが、必ずしも碓氷峠を越えて、高崎宿から倉賀野河岸の経路を取ってはいない。中山道八幡宿以東の塩名田・岩村田・小田井宿などから東に、志賀越や中山峠・田口峠を越えて、上州下仁田・富岡を経て、直接倉賀野河岸に結ぶ道筋があり、また中山道沓掛宿から南下して、和美峠を越えて下仁田宿への道筋とともに多用されていた。

これらの道筋は、中山道宿駅や碓氷関所の煩わしさを避けたい「商い荷物」の駄送にとっては、格好の脇道として多く利用されていた。このため脇道利用に利害関係のある、中山道各宿と中馬稼ぎなどとの間に、さまざまな問題が起こって争論となった。しかし、まだ明和期（一七六四～七二）頃は、明和の裁許にあるように、松本から中山道筋と倉賀野宿までの中馬稼ぎの道筋は、中山道和田宿以東倉賀野宿まで、これら脇道は、中馬道とは認定されていない。したがって、下仁田宿への脇道の多用は、明和の裁許以後の問題であったと考えられるが、争論の初見は、享保六年（一七三一）三月、中山道追分宿から出された、岩村田宿から香坂を通り、志賀越して下仁田への「商い荷物」に関する道中奉行への訴願である。このことから、やはり元禄期以降における商品流通の発展が、駄賃稼ぎの活躍を生み、ここでも脇道の多用がすでに起こっていたことをうかがわせる。

明和の裁許によれば、中山道筋を倉賀野宿への「商い荷物」は、主として米穀類・酒の二品であり、戻り荷は塩と茶の二品が中馬による附通し荷物とされ、口銭の支払額が定められている。これに対して、香坂通りで問題になっている「商い荷物」は、享保以来後々まで、上州産の麻荷物である点は興味深いものがある。後述するようにここで活躍する中馬稼ぎは、筑摩・安曇郡村々の者たちであり、安曇地方は有数の麻の生産地帯にかかわらず、信州への上州産麻荷物が流通している実態を、ここに見ることができる。これは商品生産が拡大していく中で、その流通もまた多様化している様子を示すものであろう。

またこの地域の村々のうち、明和の裁許で中馬稼ぎ村に指定された村について見ると、中山道の貫通する佐久郡一八八カ村では中馬稼ぎ村が皆無であり、北国街道での中馬稼ぎの村々では、小県郡一二〇カ村中三五カ村、更科郡七三カ村中五カ村、埴科郡三七カ村中六カ村、高井郡一五〇カ村中八カ村にすぎない。この数は全村が中馬稼ぎ村である安曇郡、約九〇パーセントの村々がそれであった諏訪郡などに比較して、極端に少ない。また中馬稼ぎ村一村あたりの馬数を比較しても、約四八頭になる伊那郡や諏訪郡の約三七頭に対して、わずか一〇頭から一二頭程度にすぎない（表4参照）。

しかしこのことは、牛馬が飼養されず、駄賃稼ぎも行われず、「商い荷物」の輸送が極端に少ないことを示すものではない。この明和の裁許のため、その前々年宝暦一二年一〇月、高井郡井上村から提出された中馬稼ぎに関する答申書は、次のような実態を伝えている。

千曲川の東側に位置する井上村は、西方善光寺町まで三里、南西方松代城下まで三里、中山道坂木宿まで八里、上田城下まで一二里、越後高田城下まで一六里、同柏崎まで二七里、また東方の鳥居峠を越えて大笹宿まで一〇里の道のりがあるが、これら各地へ、中牛馬をもって附送り稼業を営んでいると述べる。そして、この間諸宿場との争いを避け、駄賃稼ぎはしないが、手作りの諸穀・たばこなどを前記の各地に附出し売買を行い、今まで宿々と差障りなく過ごしてきていたと答申している。

井上村は、明和の裁許により、高井郡中中馬稼ぎ村八カ村の一つとして、二七疋の中馬稼ぎが認められている。この際の答申によれば、牛馬を飼養し中馬稼ぎに従事する者一八人、そのための牛八疋、馬三一疋、牛馬合計三九疋である。この内訳をみると牛馬各四疋二人、馬四疋一人、馬二疋四人、馬一疋一一人となっている。またこの牛馬飼養者の持高をみると、牛馬八疋を飼養する者二人は、それぞれ持高八五石余と一四〇石九斗余であり、馬四疋の者は実に一五一石五斗余となっている。これで見るように、牛馬飼養数と持高の多さとの間には相関が見られ、このように持高の多い者を中心として、「商い荷物」の駄送と駄賃稼ぎが盛んに行われていたことがわかる。

以上井上村の例は、この東信から北信にかけての地域で、すでに明和期頃には、広く「商い荷物」の駄送が盛んであったことを物語っている。そのような点から、中馬稼ぎの村は多く存在したと考えられるにもかかわらず、明和の裁許では、それらの村々の多くが中馬稼ぎ村として指定されなかった。その理由は何であったのだろうか、疑問が生じる。この地域では、このように多くの村々が中馬稼ぎ村に認定されなかったためであろうか、安永二年（一七七三）、中馬稼ぎを希望する者の調査が行われ、更級郡羽尾村ほか二七カ村から、二〇八疋が中馬稼ぎを要望する願書が提出された。しかし、結局はこれは許可されなかったことから、その後も寛政二年（一七九〇）には、更級郡上山田村など四四カ村が「附越仲間」と称し、中馬稼ぎ同様の附通しを行ったため、北国街道坂木宿と争論を起こし、この一件は幕府評定所に持ち込まれた。しかし、これも四四カ村が、明和の裁許の際に中馬稼ぎ村とされていなかったことを理由に、附越を禁じられて敗訴に終わった。しかし、それにもかかわらず同九年には、真田藩領の更級・埴科・水内・高井四郡五七カ村からも、再度中馬稼ぎの要望が寺社奉行宛に提出されている。

明和の裁許での中馬稼ぎ村が、信州のなかでもここ東信・北信では、佐久・水内郡は皆無、更級郡五カ村、埴科郡六カ村、高井郡八カ村、小県郡三五カ村と、諏訪・伊那・筑摩・安曇の四郡に比較して極端に少なかったのは、右の例によってわかるように、決して「商い荷物」の駄送が少なかったためでも、駄賃稼ぎが盛んでなかったためでもなかったといえる。しかし、今その明確な理由は残念ながら明らかにできないが、近世本州中央内陸部における、信州中馬を含む駄賃稼ぎの問題を考える上で、きわめて重要な点であるといえよう。

このように、以後事あるごとに準拠されたものは、明和の裁許であってみれば、あらためてそれについて、次章でより詳細に見ることにしたい。

# 第三章　明和の裁許と駄賃稼ぎ

すでにふれたように、信州中馬の地位が確定し、その独占的地位を得るに至ったのは、明和元年（一七六五）一二月の幕府の裁許によってであった。さらにこの裁許は、本州中央内陸部で、中馬稼ぎのみならず広く各地の駄賃稼ぎたちの地位を確定し、地域での商品流通上大きな歴史的意義をもった。以下その裁許に至る宝暦の争論と、裁許の具体的内容などについて見ることとしたい。

前章の「五　信州と三・濃・尾州間の駄賃稼ぎ」の節で述べたように、ことの発端は宝暦九年（一七八九）平出・松島宿が、その南に位置する三州往還の木下村の中馬荷替問屋を、幕府評定所へ訴えたことで始まった。それは、中馬相互間の継合のための慣行である「荷替」が、宿問屋の「宿継」として行われる継立権を侵す、とする平出・松島宿問屋からの主張にもとづくものであった。これについて評定所は、宿方の主張を入れ、継馬とは「馬継場」で継ぐことであり、馬継場以外での中馬仲間による継合は認めないと裁定した。もし拠所なく荷継を行うときは、馬継場で継合いを行うべきであり、宿継ぎしてきた「商い荷物」の分を中馬が駄送することを禁じ、以後荷宿が中馬荷物の継合を行うことも「商い荷物」の継場となることも禁じたのであった。

この評定所の裁定にともなう木下村荷継問屋と平出・松島宿との済口証文の取り交しは、中馬仲間に大きな障害を生むこととなった。それは翌宝暦一〇年松島宿が、この評定所の裁定に従って荷替をした中馬荷物を差押えたことから、新しい局面を迎えた。中馬側は、この裁定が実行され、従来から行われていた荷替の慣行が否定されたことが、松島宿のみでなく三州往還全域に広がることを恐れたのであろう。北小野村長十郎・小野村清兵衛両人の奔走によって、伊那郡八一カ村が結束して、宝暦一〇年七月、江戸勘定奉行所に松島・北殿・宮木の行う荷替差押えは不法であると訴えた。

この訴願は、以後明和元年（宝暦一三年）一二月の裁許に至るまで、三年五カ月の長きに及んだ。その間、宝暦九年平出・松島宿と木下村との争論の評定所裁定に同意して、済口証文に名を連ねた高遠領一三カ村が、今回の訴願に加わっていることが問題となり、勘定奉行所はその威信にかけて、宝暦九年の裁許の順守と訴願の取下げを迫ることもあった。しかし、これに対抗して宝暦一一年三月、高遠一三カ村が追訴を行い、三カ村の問題は伊那郡全村に及ぶ問題であると主張した。他方それに加えて、筑摩郡中馬二四カ村が、会田村の茶荷物差押えの件をもって追訴し、さらに松本商人も中馬が自由に活動ができないことは、自身の商業活動に支障を来たすとの理由により追訴した。かくてこの訴願は、伊那・筑摩中馬と松本商人を含む大規模なものへと発展していった。

この後、勘定奉行が小幡山城守から安藤弾正少弼に交代したためか、中馬問題は伊那郡に限るものではないとして、「中馬稼村方」の書上げを行わせ、これら村方を含め問題の解決をはかる方向になった。これにより、伊那郡はもとより筑摩郡・諏訪郡の御料・私領にわたる中馬稼ぎ村として総計二二一カ村が書上げられ、これら諸村を対象とした実態調査が行われたのであった。

この実態調査は三回実施されたが、その最初は、宝暦一二年正月に始まり、第二回目は、同年一〇月に検使米倉幸内・大塚庄十郎、第三回目は、翌一三年三月に検使米倉幸内・高橋八十八により行われた。その第一回目は、中馬について訴願を行った村々に対して、中馬慣行の始期、年間で中馬の行われない時節の有無、中馬が行われない場合の影響などに関するものであった。この答申は、ほぼ同年四月初旬に終えたが、各関係村々は、中馬の始期は「往古」より始まり明確な時期は不明、年間中馬の行われる時期は、絶え間なく行われており、中馬が杜絶した場合の影響はきわめて大きいなどと、同じような答えをしている。また第二回目は、検使役二名が廻村して村々の高・反別・家数・馬数を書上げさせ、中馬荷物とその送り先などの調査を行った。これにつづいて第三回目は、同様の調査をさらに範囲を広げて翌一三年に実施しているが、このときの調査結果は同年一二月の明和裁許に直接反映されることとなった。

この第三回目の調査は、御普請役元締米倉幸内・御普請役高橋八十八の両名によるが、その調査範囲は、訴願当事者である伊那郡村々に限らず、信濃全域はもとより上野・甲斐・遠江・三河・美濃・尾張の御料・私領・寺社領ともに実施された。すなわちそれは、信州中馬の行動範囲全域にわたるものであり、中馬稼ぎ村々はもとより、最寄の村方に至るまで、村柄を見分し、中馬稼ぎ道筋を調査し、距離を調べて絵図面を作製するなど、多くの任務を負うものであった。

この調査は、同年三月実施が命じられた後、四月五日中山道下諏訪宿に宿泊し、諏訪郡村々の調査から始められた。その後塩尻宿に入り、筑摩郡四〇カ村を取り調べた後、五月に入ると松本での調査が行われた。ここでは、筑摩郡に加えて安曇郡の村々についても調査が行われたが、とくに松本では、五月一八日同所荷問屋からの詳細な書上げを行わせている。それは、松本からの中馬附通し荷物について送り先別に品目・駄数・一駄宛貫目・駄賃等に関する書上げであった。これは明和裁許の骨子ともなったものであり、信州中馬の動向を詳細に示すものであった。

同年九月には、高遠藤沢郷中馬村々を調査した後、伊那谷を南下しながら、今回の訴願の中心となった伊那郡の調査が本格的に始められている。一〇月五日・六日には、飯田に滞在する検使一行は、飯田領中馬村からの書上げを求めている。その内容は、①中馬の始期、②中馬という呼称の意義、③一綱の頭数、④幕府の関係文書の有無、⑤中馬荷物、⑥通行範囲、⑦宿場口銭の有無、⑧裁許があれば承服する意志があるか、などであり、安曇郡などからの書上げに比較すると、いちだんと詳細であることがわかる。とくに⑧などは宝暦九年の裁許を不服として、広範囲にわたる訴願を起こしたこの地域への独自な対応があり、注目される点である。このうち⑧の問いに対する答申の例は、藤沢郷一〇カ村から検使宛の書上げの末尾にあるように、以後どこから公事への勧誘があっても加担せず、公儀がいかなる裁許を下しても違背しないという文言に見ることができる。飯田では問屋、庄屋九名が連名で裁許の下った場合の遵守を誓う一札を検使に差出している。

この調査の最後になった飯田では、松本同様にここからの中馬附通し荷物について、送り先別に品目・駄数・一駄宛貫目・駄賃などに関する書上げが、同所荷問屋から一〇月一〇日に検使に差出された。これもまた、この年の明和裁許の骨子となったことはいうまでもないが、この書上げは、信州中馬の東海地方での動向を示すものとして興味深いものがある。

この調査の際、信州中馬輸送で中心的役割を担った松本・飯田の荷問屋からの書上げは、一見非常に似た内容をもつものであるが、詳細に検討すると、重要な差異があることがわかる。まず松本のそれは、品目別の駄数は「何駄程」と記され、概数を示すものであり、ある年度での正確な数値を示すものではない。これに対して飯田での品目別駄数は、宝暦一三年に提出されているが、その書上の前年「宝暦一二年」の実数を示している。また松本の場合は、ここから各地に送り出されるものと、戻り荷として各地から松本に送られてくるものとを記載し、戻り荷の記載のない場所は、諏訪と木曽のみである。これに対して飯田の場合は、戻り荷の記載はなく、ここから送られる荷物のみの記載であり、単独の各地のほかに、飯田・松本間各地や飯田・三州間各地宛の駄数もまとめられている。

このような基本的差異をもちながらも、松本・飯田からの中馬輸送の宛先としては、次のような各地をあげている。まず松本からは、諏訪・甲州（甲府・鰍沢）、高遠・飯田、飯田経由新城・岡崎・吉田・名古屋、中山道経由木曽・中津川・名古屋の各地。また飯田からは、松本、飯田・松本間の各地、高遠・下諏訪・上諏訪、飯田・三州間の各地、岡崎・吉田・名古屋、美濃岩村近辺、木曽妻籠の各地をあげている。この松本・飯田からの二つの書上により、具体的に松本・飯田の商圏と、中馬の活動状況を知ることができる。

その対象地域である商圏を見るならば、松本からは、南東甲州から南西尾州名古屋にかけての地域であり、とくに伊那谷・木曽谷を経て、東海方面に重心があることがわかる。そして松本・飯田の商圏は、名古屋・岡崎・吉田・新城などでは直接的に重なりあい、南北の差はあっても、諏訪や木曽谷での重なり、甲州でも松本は諏訪を、飯田は高遠を経由して重なっている様相を見て取ることができる。ただし、松本とその北部に連なる地域とのかかわりは、この書上げには記載されていない。それについては史料的に確認はできないが、裁許状にはこの松本以北についても記載があることから推して、松本以外からの書上げに依ったのであろうと考えられる。

この宝暦一〇年に始まる訴願の経緯と裁許について、詳細に知ることができる文書は、明和元年一二月事件関係者から評定所宛に提出された、裁許に対する請証文である。以下それにもとづき、裁許の内容を見ていくこととする。

この一件は、三つの部分から構成されている。第一は、松島・北殿・宮木三カ村荷問屋が、宝暦九年の幕府裁許により中馬荷替慣行を認めず、中馬荷替荷物を差押えたことに端を発し、伊那郡八一カ村がこれら三カ村を訴えた一件である。第二はこれに加えて、松本の北にある北国往還西街道刈谷原・会田・岡田村荷問屋が、口銭取立のみならず、宝暦一二年四月茶荷物を差押えたことから、これを不法として、筑摩郡二四カ村が追訴した一件である。第三は、このような中馬村々の動向に対して、松本商人らもまた宿継ぎのみでは不便と、中馬輸送の従来からの慣習を楯に、中馬を擁護するため追訴した一件である。

この第一の一件に対する裁許は、中馬側と荷問屋側双方の主張についてすべてを無證拠であり、論拠のないものとして否定する。その上で関係する各地の御代官・御領の役所・御領主役人中に尋ねても、中馬はいつ始まったかも不明であり、附送りの品目もさまざまである上に、度々の裁許も、おのおのの主張を入れてその都度下されたものである。このためおのおのの裁許は、中馬の行われている地域全体に及ぶものでないことから、米倉幸内・高橋八十八両名を派遣して、中馬の行われる村々やその活動する道筋について調査させたところ、活動範囲や中馬稼ぎの行われている村数も判明した。しかし、それら村々での調査結果と、中山道や北国往還、甲州路での上諏訪・金沢・蔦木三宿、伊那路での岡崎・吉田までの道筋の宿々馬継場・問屋帳面などとを突き合わせても、信州産物と戻り荷物の品数や数量に差異がある。また口銭についてもさまざまであって、その地域ごとに差異があるのが当然であるにもかかわらず、従来の裁許は論外にして、身勝手な自己主張のみしているのが実態である、と論断し、関係者の主張をいずれも否定し、裁許の結論を申し渡している。その骨子は以下の三点である。

①当時中馬稼ぎの行われている六七八カ村を中馬村と定め、そこでの一万八六一四疋を中馬と定め、その数を増加させないこと。

②所々の仕来をもって産物の品を中馬で附送り、戻り馬の稼ぎも行い、それらの品々の分は、中馬仲間での継合いは自由であること。

③松本町での荷物請払いは、従来の仕来通りであり、そのほかの品々は、宿々や馬継場で継送ること。

これら三点の裁許にともない、以前に関係者へ与えられた裁許や証文は、すべて幕府で取り上げて無効とする。この際決定された、中馬荷物の品目・各宿場などでの口銭・中馬稼ぎの村名・馬数は、帳面にも記し松本町へ渡すので、各関係者はこれを写し取り、遵守して再論などしないことを申し渡した。

中馬稼ぎ村に指定された村々と、各村々での馬数については、別紙に示され、広く関係方面に残されたが、この馬数の範囲内であれば、馬にかえて牛をもっての駄賃稼ぎが認められた。その駄賃稼ぎの村々六七八カ村の分布を見ると、先の表4のように信州一一郡中水内・佐久二郡は一村もなく、筑摩郡のうち名古屋藩領であった木曽谷の村々もまた一村も中馬稼ぎ村はない。また中馬稼ぎ村数や馬数がとくに多いのは、諏訪・伊那・筑摩・安曇四郡であり、小県・更科・埴科・高井四郡は前者と比較して極端に少なかった。

この村数を天保郷帳（天保五年）の各郡村数と比較すると、安曇郡は一〇〇パーセント、諏訪郡では九一パーセント、筑摩郡は木曽谷二九カ村を除くと七八パーセント、伊那郡は五七パーセントの村々が中馬村であったことがわかる。この中で伊那郡はその比率は低いが、その大部分の村々は天竜川右岸に沿った三州往還・遠州往還沿いの村々であり、ほかは高遠近隣の藤沢郷村々のみであることは、注目に値する。

この伊那谷で、三州往還など主要道路に沿って駄賃稼ぎの村々が連なることは特色的であるが、甲州街道沿いの諏訪郡の村々もまた中馬稼ぎが盛んであり、そうした村々が密集していた。また小県郡の場合は、村数こそ少ないものの、先述のように松本と上田とを結ぶ保福寺峠の道筋に沿って中馬稼ぎ村が密集し、それが明和の裁許で指定された。また筑摩・安曇両郡では、広範に中馬稼ぎ村が指定されているが、更科・埴科郡の場合も北国西街道に沿った村々や北国街道沿いの村々が、ここの道筋を活躍の場として駄賃稼ぎを営んでいたのであった。

これら中馬稼ぎ村々に飼養されている馬数を見ると、伊那谷に約五〇パーセント近い馬が集中していることがわかる。そして、その北に連なる筑摩・安曇二郡に、諏訪郡に飼養されている馬数を加えると、全中馬の九八パーセントにもあたる。このことから、その地域的中心地である松本の存在が、当然浮かびあがってくる。したがって、明和の裁許は、松本を信州中馬稼ぎの中心としてとらえ、松本を中心にして、中馬荷物附送り地、戻り荷物の終着地ともに、すべて松本と関連づけ、各道筋ごとに、その品目や問屋・馬継場での口銭などについて裁定を下したのであった。

松本からの道筋に沿って、中馬荷物の品目や問屋などの口銭に関する裁定は、以下の七方面にわたる道筋に区分して下され、最後に松本荷問屋からの附出口銭を定めて終わっている。それは以下のようである。

①伊那谷の道筋

(1)松本町から飯田町　(2)飯田町から松本町および下諏訪宿　(3)飯田町から名古屋町間往復

(4)飯田町から足助村経由岡崎宿間往復　(5)飯田町から根羽村経由吉田宿間往復
②松本町から中山道経由名古屋町間往復の道筋
③松本町から中山道経由甲府間往復の道筋
④在々から中山道経由倉賀野宿間往復の道筋
⑤松本町から保福寺経由上田間往復の道筋
⑥北国往還小諸から善光寺町間往復の道筋
⑦北国西街道岡田村から善光寺町間往復の道筋
⑧松本町荷問屋附出口銭

以上七方面の道筋について詳細に定められているが、それぞれの内容は次のようであった。

まず伊那谷の道筋――三州往還筋――については、松本から飯田までの間、次のような馬継場または宿場を経由している。村井・塩尻宿・北南小野西村（登り下り代り合継）・宮木村・松島村・北殿村・伊那部村・宮田村・赤須上穂西村（当番代合継）・飯島町・片桐町・大島町・市田町・飯田町がこの道筋での馬継場または宿場であった。宿場は中山道塩尻宿の一宿のみであるが、明和裁許ではいずれの道筋にあっても、馬継場と宿場の区分は厳密にしている。

右の道筋の間については、松本から飯田までの諸荷物一カ年三三六〇駄余のうち、六〇〇駄は中馬の駄賃をもって馬継場で継立て、その余りは中馬が継送ることを定めている。すなわち六〇〇駄を馬継場での継立とする以外は、中馬の継立てを保証するかわり、駄賃は中馬駄賃で継立てることを義務づけたといえよう。もちろん一カ年三三六〇駄余の増減については、関知しないのであり、馬継場での六〇〇駄以外のことについてはふれていない。

他方飯田からの戻り荷については、飯田から松本までと、途中宮木で分かれ、平出村・岡谷村を経て中山道下諏訪宿までの道筋を合せて、一カ年一万四七〇駄を対象に、松本送りは六〇〇駄、下諏訪送りは八〇〇駄を中馬駄賃で継立て、その余りは中馬が継送ることを定めている。ただし裁許の文面からは、下諏訪送りの八〇〇駄は平出村・岡谷村での継立てであり、飯田町から宮木村までの馬継場は、下諏訪送り八〇〇駄には関与せず、松本送り六〇〇駄についてのみであるかのように考えられるが、そうではなかった。飯田町から宮木村までの馬継場は、松本送り六〇〇駄に加えて諏訪送り八〇〇駄都合一四〇〇駄が継送りの対象であった。なお伊那道筋での松本と飯田間では、松本・飯田両町は、互いに送状を付することが求められていた。これは、中馬荷物と馬継場継立荷物の区分を明確にするために必要な措置であった。また松本と飯田間では、村井・塩尻宿のみ米穀類のほか荷物一駄につき四文の口銭徴収が認められていた。

次に、伊那谷の道筋の延長である、飯田から名古屋間の往復の道筋については、根羽村・駒場村・浪合村・平谷村・枝下村・武節村・明川村・足助村・伊保村・平針村が、この間の馬継場であった。また同じく、飯田から足助村を経由して岡崎宿間を往復の道筋については、先の名古屋への道筋を足助村から分かれ、西野村・中垣内村がこの間の馬継場であった。また同じく、飯田から根羽村を経由して吉田宿間を往復の道筋については、先の名古屋町への道筋を根羽村で分かれ、上津具村・田口と菽平両村（当番代り合継）・東内田村・海老村・新城町・野田村・麻生田村が、この間の馬継場であった。

この飯田以南の名古屋・岡崎・吉田までの間は、中馬荷物と指定されることなく、すべて松本・名古屋・岡崎・吉田四カ所での荷問屋の送状のある荷物は、中馬をもって送られ、駄数などの制限はなく、すべての荷継場・宿場での口銭徴収はなかった。しかし、この飯田以南での中馬の輸送権独占の裁許は、すでに早くからこの地域で活動していた三河馬との度重なる争論を生むこととなったが、それについては前述した通りであった。

以上のような伊那道筋に対して、松本から中山道経由名古屋間往復の道筋については、村井・郷原・洗馬宿・本山宿・贄川宿・奈良井宿・藪原宿・宮越宿・福島宿・上松宿・須原宿・野尻宿・三戸野宿・妻籠宿・落合宿・中津川宿・大井宿とが、この間の馬継場・宿場であった。このうち洗馬宿までは北国西街道であり、ここからが中山道であった。しかし、中山道大井宿で分かれ、南下して名古屋までは、明和裁許では馬継場を定めてはいない。ここでの中馬荷物は、松本からは米穀類をはじめ酒・煙草・薬種などのほか、筵・ねこだ（ねござ）・草履・草鞋などの藁製品八品目、戻り荷物は、紙類・肴など四〇品目が定められた。そして、これら中馬荷物は往返ともに、米穀類以外はすべて馬継場・宿場口銭は一駄四文と定められた。

また松本から中山道・甲州道中経由甲府間往復の道筋については、村井・塩尻宿・上諏訪宿・金沢宿・

蔦木宿・教来石宿・台ヶ原宿・韮崎宿がこの間の馬継場・宿であった。この道筋は中山道経由といっても松本から村井・塩尻宿間は三州往還であり、塩尻宿から下諏訪宿間が中山道であるが、上諏訪宿以東甲府までは甲州道中である。この道筋での往返中馬荷物の品目と宿場口銭については、第二章「二　甲州と信州間の駄賃稼ぎ」の節で述べたが、甲州道中金沢宿から韮崎宿のまで五宿と、諏訪・高遠・筑摩・安曇中馬との口銭にかかわる寛保元年の裁許が、そのまま明和の裁許に適用された。よって品目と宿場口銭についてはその部分によって見られたいが、七四品目が中馬荷物とされ、信州からの「下り荷」一三品目中串柿など四品目が口銭四文、信州への「戻り荷」六一品目中昆布など五品目が口銭六文、と定められたものが踏襲された。

次に松本・飯田などの城下町などではなく、在々の村々から、中山道和田・倉賀野宿間の宿々を通り往復する道筋については、和田宿・長窪宿・芦田宿・望月宿・八幡宿・塩名田宿・岩村田宿・小田井宿・追分宿・沓掛宿・軽井沢宿・坂本宿・松井田宿・安中宿・板鼻宿・高崎宿の一六宿が、この間の宿場であった。ここではいわゆる馬継場は一つもなく、すべて宿場であることが特色的であった。そのため宿継ぎ荷物が主であり、中馬荷物「下り荷」は、米穀類・酒の二品目、「戻り荷」は塩・茶の二品目、都合四品目に限られていた。しかも、宿場口銭も坂本・松井田・安中・板鼻・高崎の五宿は四品目ともに無口銭、ほか一一宿はいずれも米穀類以外は口銭を徴収した。このうち追分・沓掛・軽井沢の三宿は、塩一駄三文、茶と酒はそれぞれ一駄六文、ほかの和田など八宿は塩一駄二文、茶一駄四文を徴収することを定めている。

この中山道各宿へ在々から出る道は、松本・諏訪・伊那方面あるいは北信方面から多くの道筋があった。この中で北信からの北国街道は、追分宿で中山道に直接連絡しているが、このほかには伊那方面から杖突峠を越え諏訪に入り、八ヶ岳西麓を中山道和田宿あるいは長窪宿に出る大門道があった。また松本方面からは、その東側扉石峠・武石峠・三才山峠を越え、和田宿・長窪宿に出る峠道があり、佐久から上州方面を結ぶ道筋として多用されていた。このためこれらの峠道は、在々と中山道を結ぶとともにこれら中山道各宿と深い関わりをもった。このうち三才山峠の北側保福寺峠を越える道筋は、松本から北国街道上田を結ぶ重要な道筋として、明和の裁許にあげられている。

この松本から保福寺経由上田間往復の道筋は、松本から北国西街道を北上して岡田村で分かれ、保福寺村・浦野村から上田に至る。ここでは岡田・保福寺・浦野の三村が馬継場であった。この間松本からの中馬荷物は米穀類・酒・柿・薪・紙・たばこ六品目であったが、紙とたばこは、菰包の小口を開け品目の確認できるものは中馬附通し荷物として認めた。また小口の閉じられているものは継荷とすることと定めている。また戻り荷は塩・茶・楮三品目がそれであるが、茶荷物は一俵を二つ切りにして茶であることが確認できるものは中馬附通し荷物として認め、丸俵のままのものは継荷と定めている。なお口銭は米穀類・酒・柿・薪は無口銭とし、ほかはいずれも一駄三文としている。

次に北国往還小諸から善光寺間往復の道筋についてであるが、ここでは中山道追分宿から分かれて小諸・田中・海野・上田・坂木・上戸倉・矢代・丹波島が馬継場となっている。この道筋での中馬荷物は、往復の区別なく米穀類・塩・茶・肴・立（建）具類・鉄物・集物の七品目とし、口銭は米穀類を除き、いずれも一駄四文と定めている。なおここでの集物とは、荒物・小間物類などの雑貨で、少量の数品目を集めて一駄とした荷物を指す呼称であるから、その内容は必ずしも一定でなく、多様な品々が含まれていた。最後は北国西街道岡田から善光寺間往復の道筋であるが、ここでは岡田・刈谷原・会田・青柳・麻績・稲荷山・丹波の各村が馬継場となっている。このうち岡田村は上田への保福寺経由の道筋の分岐点であり、丹波島は北国街道の合流点であって、丹波島・善光寺町間は北国街道であった。

この道筋での中馬荷物は、北国往還同様に往復の区別なく米穀類・炭・薪・酒・油粕・楮・紙・たばこ・茶の九品目としている。しかしここでも松本から保福寺経由上田までの道筋同様、たばこ・紙荷物と茶荷物の取り扱いには制限があった。すなわちたばこ・紙荷物は小口を開き、品目が確認できるもの、茶荷物も一俵を二つ切にして品目が確認できる荷物のみ、中馬附通し荷物と認め、ほかは継荷物とすることを定めている。これは、先述のように宝暦一〇年の争論では、筑摩郡二四カ村の中馬稼ぎたちが岡田村による茶荷物差押さえに対し追訴したことへの裁許として、ここに盛込んだ内容であった。なお口銭については米穀類・炭・薪・酒を除き、一駄につき三文と定めている。

以上明和の裁許は、中馬村と中馬数を定め、宿・馬継場を通過する中馬荷物を確定し、問屋口銭を定め、中馬と問屋の関係を整理した。そして、最後に信州中馬のため追訴した松本荷問屋の附出口銭は、米穀類を除き一駄一二文とすることを定め、裁許はすべてを終わっている。

以上明和裁許について、宝暦九年の訴願の発端からその後の経緯にふれ、裁許の具体的内容について見た。それによれば信州中馬に関する諸問題への対応は、単に伊那谷での中馬の活動にとどまるものではなく、信州全域はもとより、信州に隣接する各地域を含むものであり、各小地域ごとの問題に対応する処置では不十分であるとする意識を幕府関係者間に生んだ。その結果、幕府はこれら関係地域を調査し、各道筋に沿って広範囲に及ぶ裁許を下したのであった。

それによりこの裁許の成果は、甲州道中での寛保裁許がそのまま適用されたことに示されるように、この時点において、信州を中心とした本州中央内陸部での商品流通と駄賃稼ぎに関し、その拡大と発展に即し対応するものであったと、一定の評価を与えることができる。しかしそれと同時に、また多くの問題点を内包するものでもあった。たとえば最重視された伊那道筋について見れば、飯田からの戻り荷物のうち諏訪への諸荷物は定められているが、諏訪から飯田方面への諸荷物については、この裁許には言及されていない。また飯田と高遠との関係はきわめて深いにも関わらず、諸荷物の輸送については一言もふれていない。いうまでもなく高遠は、伊那谷と諏訪・甲州方面との中継地点であり、宝暦一三年の調査に際しても、松本・飯田から高遠行荷物があげられており、また、高遠近在のいわゆる高遠（藤沢）中馬の活躍は、甲州道中・中山道できわめて顕著であったのであるから、この裁許が言及しないことはなぜであろうか疑問である。

また伊那谷の道筋——三州往還を例にとると、松本・飯田間の附通し諸荷物の輸送を中心に裁許を下しているが、これら二地点間を対象とする道筋の例は、ほかに飯田・名古屋間、松本・名古屋間、松本・甲府間などのように多く見られる。しかし、このようにして二地点間を往復する附通しの諸荷物について、中馬荷物の品目や馬継場での口銭を定めた場合、その中間の馬継場への在々から附出された諸荷物の取り扱いについて問題が生じることとなる。すなわち、附出された馬継場から先の取扱いは、目的地までの中馬附通し荷物とするか、あるいは宿などの継荷物として取り扱うかという問題であった。

この場合、中馬荷物の品目が指定されている道筋にあっては、指定外の品目は、馬継場や宿場での継荷物と定められているから問題がなかったが、その指定がない道筋では特に問題であった。これら二地点間を結ぶ道筋のうち、松本・飯田間とそこから分岐する下諏訪宿間では、先述のように年間輸送される諸荷物の総量の一部を、馬継場での継荷物として中馬駄賃をもって取り扱うことを定め、品目をもって中馬附通し・馬継場での継荷物の区分をしていなかった。よって中間の馬継場への在々から附出された諸荷物の取り扱いは、中馬・馬継場双方の指定された取り扱い量とも関わる問題として、早くも明和六年（一七六九）には争論の種となった。

この争論は、明和六年、三州往還の馬継場のうち、大島・片桐・飯島・市田の四カ所が、荷品のうち糸・まゆ・焼酎から・油粕・串柿・輪竹・吉瀬たばこ・苧の八品目を、在々から出荷された継荷物であると主張し、これを認める幕府裁許を得たことに始まる。これに対して、飯田・高遠の荷問屋が反対し、伊那郡中馬村八二カ村が加わり、さらに伊那郡のうち中馬村でない二五カ村も同調し、八品目の馬継場での継荷に反対した。

この一件は、八品を継荷と幕府で裁定する際に、飯田町問屋年寄兼帯伊右衛門と松本問屋年寄兼帯七郎左衛とが、幕府からの問合せに対して、継荷としても問題のない旨返答したこともあって、飯田町内部でも対立をよぶなど、さまざまな利害が交錯し、その解決をむずかしくした。そのため幕府からは、明和九年には普請役菊地宗内・川島藤八を調査に出張させ、その解決をはかった。しかしなお解決には、安永九年（一七八〇）まで前後一一年の年月を必要とした。その結論は、明和六年の裁定による継荷は、中馬附通しを行っても大島村などは故障を申立なく、明和元年裁許を守って再論に及ばない、というものであった。

この時期に至って、あらためて明和の裁許が確認されたことは、本州中央内陸部での駄賃稼ぎに決定的な意義をもった。たとえば明和の裁許によれば、三州往還のうち、飯田から名古屋・岡崎・吉田の間では、松本・名古屋・岡崎・吉田四ヵ所の荷問屋の送状のある荷物は、何品によらずすべて中馬で往返とも附送ることが定められていた。このため、古くからの三河馬の実績は認められず、第二章五で先述の通り、以後三河馬は、信州中馬の劣位に立たせられることとなった。また甲州での駄賃稼ぎも同様であって、史料上は甲州中馬などの呼称は見られるが、中馬としては公認されず、信州中馬の進出に対抗する法的力をもたなかったのであった。

# 第四章　甲州西部市場圏の構造と駄賃稼ぎ

前章では、近世の本州中央内陸部各地にわたる商品流通路に沿って、展開された商品輸送のための駄賃稼ぎの様子を見てきたが、そこでは地域ごとに特色ある市場圏が形成されてきた。本章ではこの市場圏の形成とその特色的構造について、甲駿往還萢沢宿を素材に考察することにしたい。萢沢宿を対象とした理由は、次のようである。

富士川舟運の溯航終点である鰍沢河岸からの路は、その北に隣接する青柳で二分し、一方は東行して甲府に至り、もう一方は北上して萢沢宿を経て甲州道中韮崎宿に至り、信州佐久と諏訪・松本・伊那方面に向かう。したがって、萢沢宿は鰍沢河岸から信州への最初の、信州から鰍沢河岸へは最後の宿場である。このため甲信各方面——とりわけ甲州西部・信州方面と、富士川河谷や清水湊を経由して往来する諸荷物は、必ず萢沢宿を通過するため、ここは、それら諸荷物の流通状況を捕捉するには最適の地点であるといえる。しかも、ここは脇往還ながら宿場であり、問屋場はここを通過する諸荷物の流通・輸送に直接携わっているため、史料など研究上の便宜を得やすく好都合である。これらの点が、萢沢宿を対象に選んだ理由である。

なお史料が文政以降慶応までに限られ、とくに嘉永以降に集中しているため、各種諸帳簿が、年間を通して揃っている嘉永七年（安政元年、一八五四）に焦点をあてた。

## 一　市場圏の形成と発展

### 鰍沢宿の起立と発展

嘉永期の商品流通について述べるに先立ち、鰍沢宿の起立と発展について概観すると、次のようである。

近世の鰍沢宿の起立については、ここが甲駿信三国を結ぶ重要な交通路であり、すでに天正年間、武田氏により伝馬制がひかれたなどの点から、相当早い時期が考えられる。しかし、江戸幕府の下での宿の起立時期を示す史料は、鰍沢村平百姓たちから、名主長百姓の問屋役独占に反対して代官に出された、元禄一一年（一六九八）の訴状の中にある「当村御伝馬御役義、八拾年以前巳之年より名主方ニ而相勤」（『甲西町誌』資料編、三〇頁）と記された文言である。これを信じるとすれば、少なくとも元和三年（一六一七）には、鰍沢村が宿場として伝馬役を勤めるようになっていたといえる。

宿場において、商人荷物のために人を宿泊させ、駄賃馬を出し賄を行って賄料をとり、口銭や蔵敷（場銭）などを徴収する権利が、宿場または問屋の特権として支配者より認められるためには、伝馬役を勤める必要があった。このため、先に掲げた部分の前にある「商人荷物壱駄ニ付場銭五文又ハ三文つつ宿方江請取申侯。此三文は信州米荷物場銭ニ而御座侯」という一節とあわせて読むと、場銭は信州米荷物からの徴収であり、名主が伝馬役を勤めるかたわら、商人荷物の「賄宿」として場銭を徴収していたことを知ることができ、当時まだ名主役と問屋役とが兼帯された状態ではあるが、宿と問屋とが名実ともに成立していたことを示し、この元禄期に信州米がここを通り鰍沢方面に流通していたことがわかる。

同史料によれば、このように名主が問屋役を兼ねることは、寛文七年（一六六七）になり、「村中致詮儀問屋壱人ニ而壱年切ニ相賄」ことをはじめたために終わり、問屋の独立をみた。しかし、「壱年ニ荷物壱万駄余之場銭」があるため、元禄期には問屋役請負をめぐり、名主長百姓と平百姓間に争いを生じ、この訴状提出をみたということになる。

この両者間の争いは、どのように決着したか明らかではないが、この争点となった信州からの諸荷物はその後さらに多様化し、元文頃（一七三六～四〇）には、米穀類のみではなく、飯田荷物として椀・元結なども送られてきて、いちだんと口銭などの徴収は増加しており、問屋の重要性をいっそう増したことは想像に難くない。

安永四年（一七七五）の史料（『甲西町誌』資料編、八五頁）によれば、御定賃銭のうちから問屋口銭として、上り下りともに本馬二文・軽尻一文・人足一文・駕籠二文・乗物四文が徴収されていた。また諸荷物は、上り下りとも問屋口銭二文、庭銭（蔵敷）が上り荷一四文、下り荷一二文徴収されている。この御定賃銭は、正徳以来慶応になっても変わっていないが、諸荷物については、口銭・庭銭・駄賃などはかなりの上昇をみたことは後述する通りである。ここにも、この駿信往還が一般交通路としてよりも、商品輸送路としてより重要であったという性格をみることができる。

文化度の荊沢村は「甲斐国志」によれば、村高四一九石余、戸数一四一戸、人口六六九人で、馬六疋・牛二疋であったことがわかるが、この頃から問屋は、駿河屋志村家が勤めるようになっていたと考えられる。そのことは、同家に残る問屋関係諸帳簿類のうち最も古いものが、文政九年（一八二一）の「下り荷物請払帳」であることからも推測できることである。

志村家の当主は、文政から天保期までは佐兵衛、弘化から慶応期までが利兵衛であったが、この間上り下りの「諸荷物請払帳」四一冊をはじめとして、「駄賃勘定帳」「馬士勘定帳」「御伝馬日〆帳」「附通荷物控帳」「諸荷物差引帳」等、計一五三冊もの問屋関係諸帳簿類が残されている。これにより、当時の荊沢宿とそこにおける公用人馬継立・諸荷物輸送はもとより、広範囲にわたる本州中央内陸部での商品流通について知ることができる。

### 荊沢宿の宿継ぎ荷物

商品流通について、輸送面から宿場問屋を核としてみるならば、継立方法の差異から考察が可能である。それは大別して、宿継ぎと附通しと、その中間ともいえるものとの三つとなる。それらについて、次に順を追って荊沢宿問屋諸帳簿類により考察したい。

　まず下り宿継ぎ諸荷物については、嘉永七年「下り荷物請払帳」により、この年に信州方面から韮崎宿を経て荊沢宿に至り、さらに荊沢宿から青柳・鰍沢宿に宿継ぎされた諸荷物の様子について知ることができる。

　この「下り荷物請払帳」によれば、月日・品名・数量・荷印・馬士名の順序で記載されたものと、月日・荷印・品名・数量・馬士名の順序に記載されたものとがある。この差異は、韮崎宿から荊沢宿への荷受けと、荊沢宿から鰍沢宿への継立てとを区別するための記載方法によるものである。この記載方法の差異は上り荷物の場合も同じであるが、荷受けは青柳・鰍沢宿からであり、継立ては韮崎宿へと下り荷物の場合と逆になっているのはもちろんである。

表10　嘉永７年荊沢宿継ぎ荷物

| 下り荷物 | | 上り荷物 | |
|---|---|---|---|
| 品　名 | 駄数 | 品　名 | 駄数 |
| 太　物 | 78 | 阿波藍 | 80 |
| 苧 | 112 | 武州藍 | 38 |
| 薬 | 71 | 繰　綿 | 35 |
| 元　結 | 224 | 篠　巻 | 15 |
| 紙 | 293 | 中　綿 | 4 |
| 傘 | 45 | 糸 | 50 |
| 笠 | 8 | 琉　球 | 19 |
| 椀 | 164 | 青　莚 | 66 |
| 箸 | 9 | 箕 | 66 |
| 櫛 | 6 | 茶 | 58 |
| からく | 27 | 梅 | 11 |
| 油 | 25 | その他 | 11 |
| その他 | 39 | 小荷物 | 1 |
| 小荷物 | 20 | 計 | 454 |
| 計 | 1,119 | 総　計 | 1,573 |

注１）「下り荷物請払帳」「上り荷物請払帳」より作製。
２）個数を駄数に換算，小数点以下四捨五入。
３）品目中大小のある場合小２箇を大一箇とした。
４）小荷物とは莚包，箱荷等品名不明のもの。
５）太物には小倉織を含む。

　宿継ぎの下り荷物の品目・駄数は、表10でみる通りであるが、その中でその他として一括したものには、瀬戸物・金物・砥石・蓙・油樽・麻綱・たたみ糸・箒・鋸・行李などのほか、樫・桧・楷などの板類が含まれている。また小荷物としたものは莚包・麻包・箱荷などが記載され内容不明のものである。下り荷物のうち、紙は約二六パーセント、元結が約二〇パーセント、椀が約一五パーセントを占めており、この三品でほぼ六一パーセントに達していることがわかる。この三品は箸・櫛などとともに信州飯田から送られるいわゆる飯田荷物と称されるものである。この飯田荷物は、宿継ぎの下り荷物の約七〇パーセントにもあたる数量であった。

これら飯田荷物のうち紙は、飯田中折と称されたものであったと思われるが、鰍沢近在の市川大門村・西島村などからは多量の紙を産出し、また富士川下流域は、駿河半紙の生産地であることを考えると、この飯田からの紙荷物は、江戸に送られたのであろう。また椀・元結については、「飯田細釈記追加」（伊那史料叢書　第六巻）によれば、享保後年より元文の時点で、椀は飯田第一の商売であったといわれ、元結は一一カ国へ荷物が送られ、飯田には過ぎた商売と称されていたという。たしかに、当時この荊沢宿へも飯田から椀・元結が多量に附送られていたことは、元文四年（一七三九）一〇月、飯田商人仲間総代京屋又五郎より荊沢問屋に出された、賃銭割引きを要請する史料（『甲西町誌』資料編、六一頁）から知ることができ、椀・元結は、当時から飯田荷物の中心的存在であったことがわかる。

この椀・元結は富士川舟によって清水港に送られているが、文化三年（一八〇六）当時、一隻五〇箇積甲銀一五匁の船賃であった。（『増穂町誌』資料編、三二一頁）またこの清水港から先は、おそらく江戸に送られていただろうことは、文政一三年に甲府から青梅街道を利用し、新河岸から江戸に送る新ルート開拓の動きがあったことからも、容易に推測できる（拙稿「新河岸における信州飯田荷物――文政十三年継送議定について――」『論集関東近世史の研究』所収）。

紙・元結などのいわゆる飯田荷物に対して、太物・苧（麻）は松本荷物とでもよべるものであり、下り荷の約一七パーセントを占める。これらは、信州松本周辺を中心に善光寺・上田・諏訪などから送られてきたものであることは、嘉永三年の「人馬駄賃帳」との付け合せによってわかる。このうち苧は、信州大町方面で生産されたもので、先にその他としてあげた麻綱・たたみ糸なども量は少ないが、やはり松本から送られたものであった。また太物に入れたが、この中には小倉織がある。小倉織は諏訪から送られている。なお苧は、富士川舟運によって送られているが、その送り先は、『東京市史稿　港湾篇第三』（一三頁～）中の安政三年と推定されている史料に、苧麻の江戸への入津先として信州をあげていることから、やはり富士川から清水湊を経て江戸に送られていたと考えられる。

飯田荷物や松本荷物ともよべる苧・太物などに対して、信州の比較的広い範囲から附送られてきた荷物にからく類と薬があった。からくは重箱・膳・輪重など曲げ物とよばれた木製品であり、木曽方面から多く出された。木曽贄川のほか松本・飯田からも附送られていた。また薬は、薬種では松本・飯田のほか飛騨などからも附送られ、反魂丹などの製薬品は、越中富山から直接継送られていたことが、嘉永三年の「人馬駄賃帳」との付け合せによってわかる。このうちからく類は、やはり富士川から清水に送られていることから、椀などと同様に江戸に送られていると考えられる。また越中富山などの製薬品は、鰍沢やその近在に送られているものが多く、一部はこの地域を商品流通の端末としていることをうかがわせる。しかし、明治一〇年代前半には、静岡・島田などに富士川を経由して送られていることがわかっているが、その様態は正確につかみ得ない。

以上のほかに、宿継ぎではなかったかと考えられる下り荷物には、瀬戸物と板類とがある。その一部は「下り荷物請払帳」によって知ることができるが、さらに詳しくは、同年の「駄賃出入帳」との付け合せによってわかる。

瀬戸物は、鰍沢と市川大門の瀬戸物屋に送られている。これはおそらく飯田より送られたものと考えられるが、ほかの史料では上り荷にもあらわれ、東海道経由もあり、この地域が、二つの流通路の接点にあたっていたことをうかがわせる。これまた反魂丹などの一部と同様に、この地域を流通の端末とするものであったといえよう。

板は、先にその他の中であげたように「下り荷物請払帳」には桧・樫などがみえるが、それ以外に「駄賃出入帳」によると、信州高遠から三二駄ほどの板が附送られ、また同年の「附通荷控帳」によると、信州片倉村十兵衛から九四駄が、附通しで送られていることがわかる。この高遠とその近在から送られた板は、宿継ぎで送られ、「請払帳」に記載されたものとは別口であった。これは安政七年・文久二年・慶応三年の「信州高遠板請払帳」が残されていることからもわかるように、鰍沢河岸から富士川を経由して、清水湊へ送られていたと考えてよい。文化三年の史料によると、信州佐久郡川上村の川上板が川下げ荷物として出ているが、これらの板類は、たぶん清水湊から江戸に送られていたと考えられる。

以上、宿継ぎの下り荷物についてみたのであるが、これらの商品流通は、想像以上に広範囲に及ぶ市場圏を形成していたことがわかる。それは、甲信地域を中核としながら、中央内陸部を覆い、日本海側の富山から東海地方、さらには富士川・清水港を通して海運に結び、瀬戸内から江戸をはじめ各地に及ぶものであった。

こうした内陸部における商品流通が、全国的な商品流通の一部を形成している様子は、さらに上り荷についてみるといちだんと明らかになる。次に宿継ぎ上り諸荷物について嘉永七年「上り荷物請払帳」を通して考察すると、この年の鰍沢方面から荊沢宿に至り、さらに韮崎宿に宿継ぎされた諸荷物の様子を知ることができる。

宿継ぎの上り荷の品目・駄数は表10でみる通りであるが、その中でその他に入れ一括したものは紙・傘・笠・古綿などである。これらはいずれも一・二駄の少量であり、すべて近在で生産されたと考えられるものである。このように上り荷の場合、下り荷に比較して品目も少なく、宿継ぎ荷物総数の約二九パーセントにすぎない。そのように数量的にも少ないため、藍や琉球・青莚といった畳表類など、富士川を舟によって送られた遠隔地からの商品と、綿類・糸といった荊沢宿近在の商品や、箕・茶など富士川流域の諸村で生産された地廻り的な商品とに、一見して分けることができる。

藍は、表10でみるように、阿波・武州産をあわせると年間約一二〇駄ほどが荊沢宿で継立てられ、上り荷の約二六パーセントを占めている。この藍のうち約三分の一が武州藍であり、阿波藍との比は二対一であることがわかるが、これは藍玉のほか藍葉でも送られてきている。しかし、阿波・武州の区別はあっても、これを一手に扱っていたのは青柳河岸の小河内太郎左衛門であった。そしてこの藍の取引きには、かなりの敷金を必要としたことが特色であった。敷金は宿継ぎを行う問屋が出していたことがわかるが、その額は、青柳宿——荊沢宿間の場合、一駄につき武州藍が金一分と六五〇文、阿波藍が金一分ほどであり、荊沢宿——韮崎宿間の場合では、武州藍が金一分と一〇八六文、阿波藍が金一分と五六二文ほどであった。いずれも阿波藍の敷金の方が武州藍よりも安かったが、敷金は必ずしも一定ではなかった。両者にはそれほどの敷金の差異はなく、前述の額ほどのものが多かったようである。

藍荷物のもう一つの特色は、その送り先がいずれも明記されている点であり、その多くが、韮崎宿周辺から甲州道中に沿った釜無川流域の紺屋であった。その地名をあげると、韮崎宿周辺では駒井・祖母石・円井・牧之原、さらに台ケ原から甲信境をこえた甲州道中蔦木宿などがみえる。したがって、富士川による藍の流通末端は、ほぼ蔦木宿と考えることができる。これらの藍は「甲州本国紺屋業藍玉ヲ阿州大商人ヨリ借受、業務ヲ営ミ、壱ケ年先ヅ一度之計算支払之期有之、只ニ無利子ニテ借受営業罷在候」(『富士川水運史』所収「中込日記」)という史料でわかるように、代金は無利子で年一度の清算払いであった。この清算の折、これら宿継ぎの諸経費は、荷主・荷請人いずれが支払うことになったか不明である。しかし、この「上り荷物請払帳」によれば、宿継ぎの都度青柳宿・荊沢宿間は荷主である小河内が、また荊沢宿・

韮崎宿間は韮騎宿間屋あるいは韮崎宿内の荷請人が支払っていた。

琉球・青莚などの畳表類は、上り荷の約一九パーセントを占めている。これらは富士川を上って鰍沢に入ってきたのであるが、産地は確定することができない。これらの畳表類については、琉球・青莚とは記載しているが、必ずしも厳密に区分していないため、宿継ぎの実態についてあまり正確に把握できない欠点がある。しかしこれら畳表類は、ほとんどが韮崎宿内の留伝・島武といった仕入問屋もしくは仲買人と考えられる者に送られ、ほかには送られていない点に特色がある。ここに送られた後どのように売られていったか、具体的に把握できないが、ほぼ韮崎宿か、この周辺地域が流通末端であったと考えられるが確定できない。これら畳表類の特色は、やはり藍同様に敷金のあったことである。しかし敷金は、一駄三箇積みで大略一二〇文ほどであり、藍の場合のように高額でなく、その一〇分の一ほどの額であった。

富士川を引上げられてきた藍や畳表同様、韮崎宿の布又・桝吉・塩六といった仕入問屋または仲買的な店に大量に送られた荷物に、この近在で生産される箕があった。これらの箕は、東八代郡東河内領のうち、富士川東岸の北部地域で生産されたものであった。すなわち、古関村丸畑・三沢・北川などの諸村が、生産の中心地であり、ここの生産者もしくは仲買人と思われる者の手によって、鰍沢宿問屋に直接運びこまれた。ここからは、韮崎宿の前記の店々に継ぎ送られていたが、鰍沢宿から荊沢宿へは継ぎ送られていないことが目立った特色であった。ここであげた六六駄という量は、上り荷のうち一五パーセントにあたるが、一駄は一〇〇枚であることから、年間の枚数では約六六〇〇枚となる。そのうち二・三月だけで約四〇〇〇枚が出荷されており、冬期の農間余業として、この地城での重要な生産物の一つであった。

箕と同様に茶は、この地域から生産され、直接鰍沢宿問屋に運びこまれ、韮崎宿の仕入問屋や小売店と思われる布又・若松屋・蔦三・丸源・八島屋に継ぎ送られた。これら茶は通称河内茶とよばれるもので、三沢・道・上下田原・常葉・一色・市之瀬・鍋山・佐野などの富士川沿いの諸村で生産されたものであり、清水湊などから富士川舟運をもって引き上げられたものではない。

これら箕や茶は、畳表同様韮崎宿からどこに送られたのか、どこで消費されたかは不明である。しかし、確定はできないが、量的にみても韮崎宿周辺か、そのあまり遠くない地域が流通の末端ではなかったかと考えられる。

このほかに箕・茶などと同じように、生産者もしくは仲買人により買集められ、鰍沢宿を経て韮崎宿に送られたものに木綿類と糸がある。このうち木綿類は、西郡筋とよばれた鰍沢宿周辺では戦国期から栽培されており、『坂田日記抄』(『甲斐叢書』第一巻、一九一頁)によれば、すでに元禄期には西郡筋での白布生産は年間五万五〇〇〇反余に達していた。また天保期には、鰍沢村周辺の青柳村では畑方の二パーセント、時期は不詳であるが、小林村では田方の三〇パーセントほども木綿が栽培されていた。そして慶応に入ると、信州松本の太物問屋や江戸の問屋などへ、中馬や富士川水運を利用して送る木綿商が輩出するほどの発展をみた(『増穂町史』上巻、六九二頁~)。また後述するように煙草も生産額は多いが、養蚕と絹糸の生産は、同地域は近接する八代郡あるいは山梨・都留郡に比較して僅少であり、木綿生産と比較して少額であったが、しかし生産はしだいに発展しつつあり、明治以降の養蚕隆盛の兆しがすでに現れはじめていた。

このような木綿と煙草生産を背景に荊沢宿問屋は、仲買商による地域的流通の一端を担い、その依頼によって集荷し、韮崎宿への輸送を行っていた。その品目・数量などは、表10に示した通りであるが、この時期荊沢宿問屋の手によって集荷されたものは、木綿の反物でなく、実綿を一次加工したのみの繰綿・篠巻などであった。これら木綿類と糸とは、宿継ぎ荷物として「上り荷物請払帳」に記載されているが、他方「附通荷物控帳」にも、附通し荷物として記載されていた。このことは、集荷し輸送する方法が、宿継ぎと附通しとの中間的方法であったことを示している。すなわち、仲買的商人など買集め人の依頼をうけた宿問屋が、馬士を直接に生産者などの許に派遣して集荷し、そこから韮崎宿に送る方法であったと考えられる。問屋場で集荷してきた品名や数量を記録しても、ほかの馬に積み替えることをせず、韮崎宿に向け送らせたから、一駄ながら請・払で二駄として計算する方法がとられた。問屋が荷物の請払いを行うことからは、宿継ぎ的であって、問屋場で積み替えを行わない点からは、附通し的であったわけで、近在での集荷と輸送を兼ねた方法として成り立ったといえる。この木綿類と糸とを合わせると、上り荷の二三パーセントにも達するが、韮崎宿に送られた後、商品としてどのような経路をたどったかは不明であった。

この木綿類と糸と同様、仲買商または生産者の依頼をうけて集荷のうえ、鰍沢方面に出荷されたと考えられるものに煙草があった。この西郡筋は木綿地帯であると同時に、とくに原方とよばれるその北部地域は、早くから煙草の産地として知られ、明治前期に最盛期を迎えている。ここで産するいわゆる「西郡《にしごうり》たばこ」は、「甲斐国志」が「諸州ニ馳名者是也」と書いた龍王煙草に類似していたため、一般的には龍王煙草の名でよばれていた。

いまその出荷の様子を、嘉永七年「莨荷請払帳」によってみると、次のようである。月別では一〇月の六〇七個を最高に、四月が三四九個、九月が二八九個。最も少ない月は閏七月のゼロ、七月の三三個がこれにつづいている。一二カ月で総計二五七二個、五個積みで五一四駄となっている。これをみてわかるように、煙草荷だけで、上り荷の宿継ぎ総数を六〇駄も上回っている。

これらの荷主についてみると、上宮地・十五所・上今井・西野・在家塚・上八田村などほぼ駿信往還に沿って葕沢・韮崎宿間に散在する村々であることがわかる。いうまでもなく、西郡煙草の生産地域に合致する。このことは、もしこれらの地域から韮崎宿もしくは甲府に出荷するとした場合、葕沢宿とは関係なく直接出荷することができるわけであって、葕沢宿問屋で煙草荷の「請払帳」を作製する必要がない。したがって、この地域から駿信往還を通って出荷された煙草の送り先は、青柳もしくは鰍沢河岸以外考えられないこととなる。そのことは、例の安永四年の葕沢宿の駄賃帳に青柳・鰍沢河岸への煙草駄賃が載せられており、文化三年の三河岸の船賃取極の史料にも、煙草の記載があることなどから確実である。このように考えると煙草は、繰綿などの木綿類や糸と同じように、葕沢宿近在から集荷されたものではあったが、葕沢宿を中心に考えると、木綿糸が韮崎宿への上り荷であったのに対し、煙草は鰍沢への下り荷であって、青柳・鰍沢河岸から富士川を下り、清水港を経て江戸に送られたと考えられる。

以上宿継ぎ荷物についてみてきたのであるが、中には木綿類・糸・煙草のように、宿継ぎと附通しの中間的なものもあることがわかった。次に附通し荷物についてみることとする。

### 荊沢宿の附通し荷物

嘉永七年「附通荷控帳」は、荷主ごとに附通した荷物の品名・数量・馬士名を記載している。それによれば、糸仲買人と考えられる大師村定兵衛の糸二五駄、木綿類仲買人と考えられる小林村吉右衛門の繰綿・篠巻など二四駄五分、信州片倉村十兵衛の板九四駄、鰍沢大坂屋清助の鉄・砥石等八二駄・氏名等不詳ながら鰍沢の問屋と考えられる者の莚包などの小荷物・こんぶ・鉄・砥石など一五五駄の計三八〇駄五分が記載されている。しかし、この附通しについての控帳を少しく検討してみると、これは附通し荷物の全容を示すものでないことがわかる。すなわち、ここに記載されている定兵衛・吉右衛門分については、多少の差異はあるが、すでに宿継ぎの上り荷物分として「上り荷物請払帳」に記載され、これと重復する。また板については、十兵衛分を一括しているだけで、「下り荷物請払帳」や「駄賃出入帳」に記載されているものもある。このようにみると、大坂屋清助の場合も同様であって、この帳簿は、荊沢宿の問屋が、鰍沢・韮崎宿への諸荷物を附通すにあたり、途中の荊沢宿での流通諸経費を後日清算するために作製した控帳であることがわかる。これらの点からこの帳簿への記載は「附通荷物控帳」とはいえ、附通し荷物の一部を

表11　嘉永６年荊沢宿附通し荷物

| 下り荷物 | | 上り荷物 | | 上・下不明荷物 | |
|---|---|---|---|---|---|
| 品名 | 駄数 | 品名 | 駄数 | 品名 | 駄数 |
| 米 | 5,994 | 魚 | 140 | 小荷物 | 23 |
| 麦 | 378 | 砂　糖 | 46 | その他 | 36 |
| 小麦 | 3 | さつまいも | 29 | | |
| 小豆 | 2 | 藍 | 5 | | |
| | | 天　草 | 3 | 計 | 59 |
| 計 | 6,377 | 計 | 223 | 総　計 | 6,659 |

注１）「口銭請取帳」より作製。
２）１月より９月までの数量の集計である。
３）小荷物とは莚包等品名不明のものである。

記載しているにすぎないと考えられる。しかし、残念ながら嘉永七年については、ほかに附通し荷物について知るための適当な史料がないため、その前年の嘉永六年「口銭請取帳」をもって、さらに附通し荷物について考察することとした。

この「口銭請取帳」は、年初に予定した帳面の紙数が尽きたため、一〇月一二日まで終わっている。この間附通された荷物の総数は六九二〇駄であるが、九月までについて集計したものが表11である。この上り・下り荷物の区別は、品名によるものであるが、いずれか不明のものが五九駄となっている。不明は、小荷物として一括した莚包・箱荷などと、その他に一括したこんにゃく玉・篠巻・瀬戸物・油かす・油種・あく・琉球・板などがある。このうち、篠巻六駄・油かす四駄などが多い方であるが、ほかはいずれも一～二駄程度である。しかし、一覧してわかるように下り口銭荷物は、信州方面と甲州巨摩郡武川筋・逸見筋からの米・麦等米穀類に限られており、上り口銭荷物は、藍など数品を除くと、嘉永七年の諸帳簿類の中にはまったく見られなかった品目であることがわかる。しかも数量的にこれらのものは、年間約八五〇〇駄の流通が推定できる多量のものであった。

信州方面または巨摩郡武川筋・逸見筋から大量の米穀類が、元禄期に甲府をはじめ甲州各地に酒などとともに入っていたことは、先述のように「坂田日記抄」（『甲斐叢書』第一巻）などによって知ることができる。また鰍沢には、信州松本・諏訪・高遠藩が米蔵をおき、鰍沢で払下げるといったことも行われていたことは、これまた先述の通りである。

このように、駿信往還を鰍沢に送られた米は、藩米のように富士川舟運をもって川下げされたもののほかに、富士川沿岸のいわゆる河内領にも売り捌かれていたことは、天保一〇年の史料（青山靖『富士川水運史』一三二頁）によりわかる。このように信州方面からの米は、口銭を支払うことによって、河内領村々に駿信往還を通って送られていた。この米穀類は信州からのものだけでなく、甲州巨摩郡武川《むかわ》筋・逸見《へみ》筋とよばれる、韮崎北西部の釜無川とその支流である塩川流域のものであった。このことは後述するように、安政四年（一八五七）巨摩郡駒井村ほか八二カ村と荊沢宿との間に起こった、米雑穀附通し口銭をめぐる争いについて、幕府の下した裁許状からもわかるところである。この裁許状によれば、荊沢宿では、駄賃稼ぎまたは売荷は口銭を出し、手作り穀物を手馬によって附通す分は口銭なしとするものであった。この無口銭附通し分は二万俵（一万駄）であり、荊沢宿は切手をもって無口銭で附通すとしている。この穀類は「鰍沢宿附出売払俣分」としているが、ここには、商品流通の拡大が、農民の手によって問屋の規制を取り除いていく姿をみることができる。

こうしてみると、安政四年以降は、米穀類の一部が無口銭となるが、嘉永六年「口銭請取帳」は、嘉永・安政度の口銭をめぐる争いが起こってくる時期の口銭荷物の状況を反映していることがわかる。ともあれ、この年九月までで米五九九四駄をはじめとして、年間六四〇〇駄に及ぶ米穀類の附通しは、注目に値する量であった。

これら鰍沢に附通された米穀類は、先述したように河内領にも送られたが、多くは富士川舟運をもって清水湊に送られていた。そうした富士川送りの例として、青柳河岸秋山源兵衛の中黒大豆一〇〇俵を静岡上樋屋町太七方へ、また上諏訪井筒屋米治郎から中黒大豆二五〇俵と蕎麦二四俵を、中継ぎして江尻宿米屋佐吉方へ送ったものなどをあげることができる（青山靖『富士川水運史』一二五頁）。

この米を中心とする附通し下り荷物に対し、附通し上り荷物についてみると、最も多いものは魚の一四〇駄であるが、これらは塩物または干物であったことは想像できる。これらの魚は、陸路駿州往還を馬で、あるいは富士川を舟によって鰍沢に送られてきたのであるが、舟は三日曳あるいは四日曳と称し、諸荷物に優先させて富士川を引き上ってきた。他方駿州往還は、道路事情が悪いうえ、各宿間の一里は五〇丁であるため、里数が短くとも実際上の距離が遠いなどの理由から、夜間宿継ぎを行わず、魚のような比較的速度を必要とする商品の輸送には適していなかった。このため、甲州への魚の輸送には、他のルート——吉原・沼津などから精進を通って甲府に直行する駿州中道往還などが、主として利用されていた。このため嘉永七年には、駿州魚売荷主・諸荷物荷主が、鰍沢魚問屋とはかって、駿州往還各宿場問屋に対し、魚や諸荷物は継立口銭・増銭を支払うことを条件に、昼夜の別なく継立てるよう要請している。

このことは、海産物の流通がしだいに活発化したことを反映するものであった。それにともない表11でみるように、魚・天草などのほか、砂糖・さつまいもなどの嗜好品ともいえる品々の輸送量の増加が見られるようになった。とくに、さつまいもなどは一～二月の寒中にも送られてきていて、このような商品への消費者の強い欲求をみることができる。

このほかに嘉永六年の口銭請取帳には見られないが、特色的な上り荷として鉄と砥石とがある。このことは先に嘉永七年の附通し荷物について述べた際ふれたが、これは鰍沢の問屋大坂屋清助と他の一人から韮崎宿に附送られている。数量は年間鉄七七駄、砥石三八駄である。こうした重量貨物の輸送には舟が適していることはいうまでもない。このうち鉄は「是ハ石州・雲州産重ニ而伯州・備中産ハ少分にて、何れも大坂江相廻、同所より積下侯」という『東京市史稿　港湾篇第三』（一三頁～）の記載のように、大坂より送られている。安政二年「上り荷物請払帳」によれば、海上を大坂から浦賀に行き、反転し清水湊を経て蒲原・岩渕から鰍沢に送られていることがわかる。しかし、これも砥石とともにどのような経路によって鍛冶屋などの手に渡ったのか明らかでない。

以上、上り荷物で附通しにより送られた品々についてふれたのであるが、下り荷物の米に匹敵する上り荷物に塩がある。塩はいうまでもなく、富士川の上り荷物中でも最大の商品であった。この塩については、荊沢宿問屋の諸帳簿にはまったく出てこない。富士川を運ばれた塩の駄数は、年間一〇万俵から一二万俵といわれたが（『富士川水運史』一三六頁）、この一部は「鰍沢塩」として、信州諏訪・高遠・伊那方面にまで送られたのであるから、荊沢宿問屋の諸帳簿に記載されないことは、これが無口銭の附通し荷物であったことによる。このため、問屋は塩荷物については記録する必要がなかった。これにより塩関係の諸帳簿類は残されず、荊沢宿での塩荷物の把握はできない。いま宿継ぎと附通し荷物を中心に駿信往還の商品流通について、かなりの部分をみることができたが、塩荷物について知ることができないことは真に残念である。今後の研究にまつ以外ない。

ここで荊沢宿における商品流通と諸荷物輸送についてまとめると次のようにいえる。嘉永七年についてみると、宿継ぎ荷物約一五二〇駄（木綿・糸約五〇駄を減じた）・附通し荷物三八〇駄・煙草荷物約五一〇駄・板荷物三〇駄の計二四四〇駄と、米などの口銭附通し荷物推定量八五〇〇駄の総計約一万一〇〇〇駄の諸荷物が通過し、これに八〇回ほどの公用人馬通行があったこととなる。ただし、大量な塩荷物の附通しについては、残念ながら不明であるが、これら塩を含む大量な諸荷物のすべては、駄賃稼ぎたちの手によって輸送されていたのであった。

### 荊沢宿の問屋と駄賃稼ぎ

商品流通の発展により流通機構はしだいに復雑化し、機能の分化をみる。その結果専門的機能をそなえた交通運輸機関が生みだされるが、宿場問屋も例外ではない。宿場問屋は本来公的継立のため運輸上の機能をそなえていたが、商品流通の発展にともない流通機構の一部として、新しい機能をもつに至った。

荊沢宿の場合、前節でみたように、ここが脇往還でもあるため公用継立は少なく、商品流通路としての性格が全面に出ていた。そのため、宿場問屋も商品流通上の機能に大きな比重がかけられていた。すなわち、商品として流通する諸荷物の輸送・保管・危難保険・金融など、商品流通上の諸機能を果たすための業務が問屋業務の中心となったため、駄賃はもとより口銭・庭銭の徴収清算は重要な業務となった。

これら口銭・庭銭などの流通諸経費はどのようになっていたかをみると、嘉永七年（一八六四）当時は、次のような内訳になっていた。荊沢宿から鰍沢への下り荷物は、一駄につき駄賃一〇〇文、口銭・庭銭三二文、計一三二文であり、韮崎宿への上り荷物は、同じく駄賃二四八文、口銭・庭銭九〇文、計三三八文であった。これは約八〇年以前の安永四年（一七七五）の史料によると、下り荷物が駄賃六七文、口銭・庭銭一二文で計七九文であり、上り荷物は駄賃二二二文、口銭・庭銭一六文、計二三八文であった。この両年の比較から、問屋の取得する口銭・庭銭の部分が、馬士の取得する駄賃に比較して値上り率が非常に高くなったことがわかる。このことは、一つには、各商品が流通経費の上昇に耐えるまでに発展してきたためであり、一つには、商品流通の発展にともなう宿場問屋の地位が向上した結果であったといえる。

しかし、荷主側からするならば、流通諸経費の安いことは、常に変らない願望であったから、このような問屋による口銭・庭銭の値上げは最も嫌うところであり、諸経費の値上りに対抗して、新しい輸送路の開拓を意図させることとなった。たとえば、文政一三年（一八三〇）飯田荷物が甲府から青梅街道を経て、武州扇町屋宿で継立、新河岸から江戸積みされることとなった史料（拙稿「新河岸における信州飯田荷物」『論集関東近世史の研究』所収）は、こうした飯田の荷主たちの意図のあらわれとみることができる。この飯田の荷主による新しい流通路の開拓は、荊沢宿等駿信往還や富士川水運にどのような影響を与えたか、具体的に知ることができないが、商品流通をめぐる荷主と宿場問屋との利害の対立を示す好例であろう。

宿場問屋とともに商品流通上重要な機能を果たしたのは、駄賃稼ぎたちであった。これら駄賃稼ぎたちは、信州諏訪・高遠など遠隔地の者もいたが、これら遠隔地の者は、韮崎宿まで附送ってきた折、さらに荊沢宿までの駄送を依頼される者も多かったであろうが、一般的には、韮崎宿—荊沢宿間の諸村とその周辺の駄賃稼ぎたちが最も多かった。いま荊沢村広兵衛を例に、その駄賃稼ぎの様子についてみると、次のようであった。

嘉永七年一月より一一月までの間、閏七月を含めて一二カ月間の広兵衛の稼ぎ方について、荊沢宿問屋諸帳簿より拾うと、年間一九八回の駄送を行っていた。この内訳は、宿継ぎでは、荊沢宿—青柳・鰍沢河岸間が九九回（うち一日二〜三往復二七回）、鰍沢・青柳河岸—荊沢宿間六回、荊沢宿—韮崎宿間三七回、韮崎宿—荊沢宿間二九回であった。また附通しでは、鰍沢・青柳河岸—韮崎宿間五回、近在で木綿類や糸を集荷して韮崎宿まで二一回、煙草を集荷して青柳・鰍沢河岸まで一回であった。

このうち青柳・鰍沢河岸までの回数の多いのは、近距離のため一日二往復以上が二七回もあったことによるが、青柳・鰍沢河岸からの帰り荷は二回のみで、青柳・鰍沢河岸から韮崎宿への附通しを入れても一一回しかない。これに対して、韮崎宿への三七回の場合には、帰り荷は二九回もあり、青柳・鰍沢河岸からの帰り荷二回のみとは対照的である。このことは、上り荷物に対して、下り荷物が二倍以上も多いことが原因である。しかし、帰り荷がまったくないまま空馬で帰ることは考え難く、ここでも諸帳簿に記載されない塩荷の存在を考慮する必要がある。それとともに、鰍沢河岸問屋が、地元馬士を優先的に附送らせることにも原因があったと考えられよう。

この地元馬士の優先は、韮沢宿の場合も明らかで、韮沢宿から韮崎宿への藍玉附送りなどは、韮沢宿では広兵衛など自宿の者を優先させ、附送らせている。これは、藍玉のように高価で敷金を必要とする品物の附送りには、信用できる自宿の馬士を使う方がより安全と考えられたためであろう。そして、こうした宿場問屋と自宿馬士との関係は、円滑な輸送の確保には欠せないものであったとみることができる。

広兵衛は先述のように、嘉永七年は、韮沢宿—鰍沢河岸間一〇六回、韮沢宿—韮崎宿間八七回附送りに従っていた。この駄賃は、前者が一〇貫六〇〇文、後者が二一貫五七六文、鰍沢宿—韮崎宿間附通し五回を一貫七四〇文として加えると、年間三三貫九一六文の駄賃収入となる。これを同年の韮沢宿「駄賃出入帳」にある、一両は銭六貫四九六文とする換算率で計算すると、金五両一朱三〇文となる。すなわち、これは韮沢宿問屋が、広兵衛に優先的に駄送をさせることで与えた、経済援助的意義をもつ行為といえ、宿問屋と馬士とが、より親密な関係の下で、ともに商品流通上の機能を果たしていた姿を見ることができる。このようにして、駄賃稼人としての馬士の専門化がみられることになり、各宿で特定の者の名が、帳簿上に頻繁に現れる結果となった。広兵衛同様これら馬士たちは、駄賃稼ぎのため、それぞれ年間かなりの回数附送りに従うこととなった。

先述したように、一駄の重量はほぼ定まっており、品目により積む個数も同じであるから、より効率のよい方法は、一人で数頭の馬を同時に追う、中馬的な方法であった。荊沢宿周辺では、広兵衛のように一頭の場合がほとんどであるが、武川筋や信州では、中馬追い的な方法がむしろ普通であった。それは次節で詳細に見るように、附通しで米などを駄送したものがそれであって、韮崎宿の西北の青木・若尾・祖母《うば》石《いし》・三吹・白須・日野・谷戸など、それら諸村の馬士たちによるものであった。

いま、中馬追い的な方法を取る馬士たちの一人、白須村嘉左衛門を例に、荊沢宿での嘉永六年「口銭請取帳」から、鰍沢河岸への米附通しの様子をみると、次のようであった。

嘉左衛門は、嘉永六年一月から九月までのうち、二・八・九月を除く六カ月間で、四七回—一七九駄の米を鰍沢河岸まで附送っている。これを月別にみると四月の一八回—七二駄を最高に、一月の一三回—二八駄がこれにつづき、一回の駄数は二駄から六駄であった。その帰り荷物で控帳に記載されたものは、魚を一回三駄積帰っているのみである。この駄数の変化は、一綱の頭数が変わるのではなく、積荷中の口銭荷物の数を示している。また帰り荷の少ないことは、鰍沢河岸からの帰りは荊沢宿を通らなかったか、あるいは荊沢宿を通ったが口銭荷物は積んでいなかったかを意味している。おそらく帰り荷のほとんどは、塩荷物ではなかったかと考えられる。

帰り荷のことはともかくも、このような実態からもわかるように、広兵衛のような一頭だけの宿継ぎを主とする者と異なり、嘉左衛門のような中馬追い的な方法による場合、よりいちだんと商品流通上にその機能を発揮していた。広兵衛は、一二カ月間で約二〇〇回―二〇〇駄を輸送したのに対し、嘉左備門は、六カ月間で約五〇回―一八〇駄を輸送していた。この駿信往還―富士川舟運の商品流通にあっても、信州中馬はもとよりであるが、あらためて甲州での中馬追い的な駄賃稼ぎたちの果たした役割を評価する必要があろう。

以上、駿信往還と富士川・駿州往還を結ぶ道筋を対象に、莇沢宿を中核として、本州中央内陸部のうち、駿甲信三国間の商品流通の実態を輸送面から考察した。この駿信往還と富士川・駿州往還とを結ぶ商品流通路は、この時期内陸部を急速に江戸・大坂などの中央市場に結びつけはじめていた。内陸部で生産されるものの多くが、富士川舟運をもって、清水湊から江戸などに送られていただけでなく、瀬戸内の塩をはじめ鉄や藍などの遠隔地の品々が、ここを通って広く内陸部に送られ、地域的市場圏が形成され、これら商品は、人々の日常生活の隅々にまで浸透しつつあった。そして、この大量の諸荷物が、脇往還の一宿場の通過量であることも驚きであるが、これら諸荷物のすべてが、駄賃稼ぎの手により、牛馬背をもって輸送されていることに、この時期の内陸輸送のもつ大きな働きに目を注ぎ、あらためて見直す必要を痛感せざるを得ないが、ここに商品流通に関し、次のようないくつかの点が確認できよう。

その第一は、内陸での商品流通は、この時期予想以上の広範囲にわたるものであり、全国市場の一端を担って地域的市場圏を形成していた点、第二は、本州中央内陸部の商品流通は、東側ではとくに江戸との関係が深く、江戸地廻り経済圏の外縁部を形成していたと考えられる点、第三は、幕末期となると、地域的市場圏での商品流通がいちだんと活発化し、農民などによる積極的市場参加が行われ、商品流通拡大の要求が高まりつつあった点などである。

## 二　市場圏の構造と駄賃稼ぎ

本州中央内陸部への輸送経路の一つに、富士川とその河谷の道路を利用するものがあった。それは鰍沢・青柳河岸を水・陸運の結節点とし、甲府盆地はもとより韮崎宿を経て信州佐久・諏訪・伊那・松本方面に達するものであったことは、前述の通りであり、この鰍沢を結節点とする市場圏については、前節で莉沢宿を中心に考察した。その際ここでの流通商品の中にあって米穀類がきわめて大きな比重を占めていることを述べたが、本節では、さらに鰍沢を中心にして、米穀市場がどのように形成され展開していったのか考察し、地域市場圏の構造と駄賃稼ぎとの関係についてさらにみることにしたい。

ところで、甲州における地域的米穀市場の形成と展開については、大略東部・西部・甲府近在の三市場圏に区分されるが、このうち西部市場圏とされる地域――信州および甲州北西部の逸見筋・武川筋の産米地帯と、鰍沢河岸を中核とし富士川舟運に直結する米穀市場圏こそ、また前節の考察の対象としてきた地域市場圏そのものであった。そこで本節では、甲州北西部産米地帯である巨摩郡逸見・武川筋八三カ村と、駿信往還莉沢宿との間に起こった嘉永・安政期の口銭をめぐる訴訟問題を通してみていくことにしたい。

## 荊沢宿の附通し口銭出入

甲州道中韮崎宿から分岐し、富士川舟運との結節点鰍沢宿に至る駿信往還の中間にある荊沢宿と、巨摩郡逸見・武川筋八三カ村との間に起こった米穀類をめぐる口銭問題が本格化するのは、嘉永三年（一八五〇）一〇月、荊沢宿問屋が中馬荷物としては無口銭である附通し穀物類について、この地域での附通し米穀類荷物から、一駄六文の口銭を「前々仕来」として徴収したことに始まった。この一件は、翌四年から訴訟となり、翌々五年には訴訟は江戸に移され、道中奉行のもとで安政四年まで七カ年を費し、一応の決着をみたのであった。以下その争点と訴訟の経緯を追い、どのような決着に至ったか概略をみることとする。

この訴訟は、甲州巨摩郡岩下村ほか八二カ村惣代駒井村百姓長兵衛と同郡上手村名主勘太夫両名から、荊沢村長百姓問屋利兵衛と名主市川文蔵ほか一五人を相手取り、勘定奉行所宛訴状を提出して始まったが、訴人側の主張をみると次のようである。

この八三カ村は、信州佐久・諏訪郡の地続きの土地であり、農業のほかこれという稼ぎも一切ないため、「御年貢金納并田畑肥代日用営方為手当」、五里から一〇里の道のりを、日帰りまたは一夜泊りで出かけ、米穀類を甲府町・鰍沢両所に付け出し売り払い、「塩茶其外他国之土産之品々買求、日用暮方」を維持してきた。ところで、このような八三カ村と荊沢村との間での口銭出入が起こった最初は、天保一二年（一八四一）荊沢問屋が、鰍沢への附通し米穀類一駄につき口銭六文の徴収をと申し出たことに始まる。このときは、各村の反対により口銭徴収は見送られ、以後一〇カ年間故障なく米穀類の附通しが行われてきたが、嘉永三年になって、ふたたび莇沢宿が口銭六文を要求したことから問題となり、訴訟へと発展するに至った。

こうした問題の再発に対応して、まず莇沢宿に近い八カ村がその廃止を求めた。それら八カ村は逸見筋南部に位置し、莇沢宿を通り鰍沢までの駄送が日帰りの可能な近場の坂井・中条・駒井・岩下・西岩下・北下条・南下条・祖母石の村々であった。翌嘉永四年二月中、これら八カ村は惣代をたて、莇沢宿問屋利兵衛に口銭徴収廃止を交渉した。しかし、容易に合意ができないため、六月中これら八カ村は支配所の甲府代官所の添翰を得て、七月莇沢宿を支配する市川代官所に訴えたが、これもまた不調に終わり訴状差戻しとなった。他方、これら八カ村とは別に、穴山村など七五カ村もまた、翌五年三月になり甲府代官所の添翰を得て、莇沢宿口銭徴収の件につき市川代官所に訴えたが、これもまた不調に終わり訴状差戻しとなった。このようにして、市川代官所による調停失敗が、同一目的をもつ二組の各村——八三カ村を結合させ、幕府勘定奉行への訴願に踏み切らせることとなった。

ここで、これら八三カ村が莇沢宿問屋による口銭徴収を「新規口銭取立」とする理由は、次の五点に要約することができる。

①元文五年以来信州中馬と、甲州道中金沢宿など五カ宿の口銭等出入に際し、莇沢宿も五カ宿側に差加わる旨願い出たが、脇道である駿信往還の宿場であることから、それは認められなかった。

②翌寛保元年、再論になった際は、内済となったが、中馬附通し穀物類は無口銭と決定し、萠沢宿はこの際も一件に差加わることが認められなかった。
③寛保元年の決定により、甲州道中の本駅でさえ無口銭と決し、脇道である佐久往還各宿も前々より無口銭であるから、萠沢宿のみ口銭を徴収する理由がない。
④韮崎宿は、手広く穀物類の取引をしている者が多数在住しているが、その者たちは鰍沢への附通しに際し、萠沢宿への口銭など差出していない。
⑤商荷物・中馬荷物とても口銭を差出していないのであるから、私共村々百姓が手作穀物類を手牛馬で附出すに当り、萠沢宿に新規口銭を差出す理由はない。

これら諸点を集約すると、萠沢宿の口銭徴収は、寛保元年の議定による中馬附通し米穀類は無口銭という原則に反するものであるゆえ、八三カ村にも無口銭を適用せよというものにほかならなかった。

この八三カ村が提出した訴願に対して、勘定奉行所からは七月一一日付をもって、八月一八日に対決が行われるので出廷するよう差紙が関係者に届いた。萠沢宿側からは名主市川文蔵・百姓代惣左衛門以下一〇名の代表として、長百姓問屋利兵衛・百姓代藤十郎が出廷し、二人から返答書が奉行所に提出された。この返答書で主張する八三カ村の鰍沢方面への米穀附通し荷物への口銭徴収の理由は、次の五点に要約することができる。

①萠沢宿は、単なる脇道の宿村などではなく、御定人馬二〇人・四疋のうち、五人・一疋を宿立として、

伝馬御用を勤める宿場である。その助成のため口銭徴収を認められている。

②口銭徴収の証拠書類は、元文度信州中馬の口銭出入に際し、一件吟味中口銭請取を許可され、請書を所持している。

③したがって従来より口銭は徴収しており、そのことは、嘉永四年口銭の件につき中条村など八カ村から、市川代官所に提出された訴状にも、先年より口銭を徴収していたが「定式」になることを恐れ、天保一二年中、荊沢宿問屋源太郎と掛合ったとしていることからもわかる。

④天保一二年以降嘉永三年一〇月まで、口銭徴収は行われなかったとしているが、天保一二年掛合ったという源太郎は、すでに天保八年に死歿しているから、このような掛合いをしたことはない（したがって天保一二年以降も口銭は徴収していた）。

⑤嘉永四年二月、口銭徴収について掛合いのあったことは事実であるが、これは今度の訴訟を起こすためのもので、その際当方からは従来から口銭徴収を行っている旨説明したが、口銭を徴収していることは往還御改の都度に書上げにして改役人に提出している。

以上のこれら諸点をもって、荊沢宿が伝馬御用を勤めるため、従来より口銭徴収を行ってきた点を主張した。そして、さらに②で述べはしたが、なお不充分であると考え、元文〜寛保期にわたる、信州中馬と甲州道中各宿および荊沢宿の口銭等出入について、詳細に説明する。そこでは、元文四・五年にわたる信州中馬との出入に、荊沢宿が宿側として参加しながら、中途より脱落した理由は、元文五年三月六日に至り「五海道之外者御勘定御奉行之掛」であると、道中奉行所の申渡しによるものであったことを述べ、寛保元年再論の際の内済議定書については、市川代官らの達しに従い、直接出入には関係はしなかったが、荊沢宿ではこれを準用することとしたとして、中馬荷物の米穀類については、無口銭としていることを認めている。しかし、「訴訟方村々之儀者、仲馬稼御免之場所ニも無之、（中略）仲馬一件米穀之分無口銭ニ相成候迚、同様可致道理無之」と、信州からの中馬稼ぎと逸見・武川筋からの手牛馬による自分荷物の附通しとは異なるものとして、両者に明確な一線を画している。

さらに、訴訟側が甲州道中各宿はもとより、脇往還として駿信往還荊沢宿と性格の近い、佐久往還宿々が、いずれも附通し荷物が無口銭であるのに対し、荊沢宿のみ口銭を徴収するのは不適切との指摘に反論し次のように述べている。

佐久往還長沢・若神子・中条三カ宿は、脇往還ながら伝馬御用も勤めている。しかし、御用継立はきわめて稀であり、従来から無口銭であったから、元文度の信州中馬との口銭出入の際も、中馬側は訴願の対象としていなかった。このような三カ宿と事情の異なる荊沢宿とを比較して論じることは不相当である。また教来石・台ケ原・韮崎宿については、本来これら三宿は口銭を徴収すべきであるが、周辺各村は各宿の助郷村であったり、隣村・組合村といった間柄のため、相互の便利のため相対をもって無口銭にしているのである。そのうえ教来石宿は、ここを通過して甲府・鰍沢方面に米穀類を附出す村は、大武川村のみであり、台ケ原宿とても、そうした村はわずか四・五カ村にすぎない。そのため各村と宿とが相対で無口銭としているのである。荊沢宿とは事情が違うと主張した。

特に韮崎宿については、米穀取引関係者の在住も多く、荊沢宿が、韮崎宿関係者のみ無口銭としているとの指摘があるが、それは事実に反する。荊沢宿と韮崎宿とは特別な関係である。韮崎宿と荊沢宿とは継合宿の間柄ではあるが、附通しについては、従来より口銭を徴収している。しかし、継合宿として相互の利便のため、互いに問屋場から馬一疋に附通し鑑札一枚ずつ発行し、鑑札の有無を改め、所持している者は無口銭にしている。それは天保五年五月議定したものであって、決して一方的に韮崎宿のみ無口銭としているものではないと反論している。

ともあれ、甲州一円で無口銭を認めるのは、御朱印状をもつ九一色郷各村のみであり、口銭徴收は訴訟方各村に限ったことではないとし、訴訟各村は、年貢金納のため手作米穀を売却しているようにいうが、それは事実に反する。荊沢宿を附通し遠方の鰍沢河岸まで附出すのは、「利潤ニ拘又者駄賃稼之ためニ而全渡世ニ有之」と論断し、往還宿場として口銭徴収の妥当性を主張して、長文の返答書の結びとしている。

ここに見るように、訴訟方が「手作り米穀の手牛馬による売却である」とする主張に対し、宿側は真向からそれは「利潤追求、駄賃稼ぎを目的とした商行為である」と反論し、口銭徴収は妥当であると主張したことがわかる。そして、この部分につづけ、最後にさらに本街道脇往還での口銭徴収の例として、駿州往還の荊沢宿の南につづく鰍沢・切石・八日市場・下山・南部・万沢宿、駿州東往還黒駒・藤之木・川口・山中宿をあげ、返答書の主張を補強して終わっている。

以上、双方の主張するところは多岐にわたっているが、争点を集約すれば八三カ村から荊沢宿を附通す米穀類は、中馬荷物同様無口銭とするか否かという一点にあったといえる。

このようにして嘉永五年六月、八三カ村による訴願が行われ、八月一八日に始まった勘定奉行所での訴訟は、その後どのように進展したかあまり明らかではない。しかし、荊沢宿旧問屋志村家に残された日記帳などから、同年以降毎年江戸へ出府し、安政二〜三年にかけて相当の進展のあったことをうかがわせる。問屋利兵衛は、安政二年には、五月一日の出立から七月八日の帰着まで江戸にあり、翌三年には、一月二九日に出立して七月二一日帰着、八月二日ふたたび出立して九月六日帰着、一〇月三日に出立して暮には帰村したようである。このように、年間の大部分を江戸で過ごし、口銭問題の解決にあたった結果、翌四年四月一八日に至りようやくにして裁許に至ったのであった。

次に裁許状の内容を整理してみると、訴訟方八三カ村側については六点、相手方荊沢宿側についても六点、それぞれが主張する点は証拠になし難いとしたうえで裁許を下している。それは、荊沢宿を附通す諸荷物は、駄賃稼ぎの荷物・売荷物は相対口銭を支払い、手作り穀物類を手馬で附通すものは無口銭とし、その年間数量は村々で事前に決定するものとした。これは、売荷物一般と手作り穀物類、売荷物の駄賃稼ぎと手作り穀物類の手馬附通しとを、明確に区分することであった。したがって、この裁許によって訴訟村々は、荊沢宿で米穀附通しの折に、手馬によって附通す分として、一定量の米穀類を無口銭とするという目的をひとまず果たすことができ、他方相手方の荊沢宿にとっても、一律に口銭を徴収することはでき

か村年分穀高等一覧表

| 取入穀 | 上納米 | 夫食 | 飼料 | （小計） | 余剰穀 | 無口銭分穀 |
|---|---|---|---|---|---|---|
| 俵 俵 | 俵 | 俵 | 俵 | 俵 | 俵 | 俵 |
| 6,302/6 | 469 | 2,271 | 470 | 3,210 | 3,092 | 601.9 |
| 1,100/15 | 50 | 453 | 105 | 608 | 492 | 42.0 |
| 1,317/15 | 87 | 603 | 75 | 765 | 552 | 50.3 |
| 2,559/6 | 192 | 1,089 | 250 | 1,531 | 1,028 | 244.4 |
| 2,018/6 | 157 | 579 | 140 | 876 | 1,142 | 192.8 |
| 4,309/6 | 302 | 1,602 | 325 | 2,229 | 2,080 | 411.5 |
| 1,989/6 | 135 | 864 | 170 | 1,169 | 820 | 190.0 |
| 8,126/6 | 569 | 2,007 | 490 | 3,066 | 5,060 | 776.1 |
| 252,896/7.2 | 19,440 | 101,997 | 22,730 | 144,167 | 108,729 | 20,000.0 |

が，根拠は不明である。

穀である。
比0.57272（100石に付約53俵）を各村残高に掛け，各村無口銭分穀を算出している。

ないものの、一応附通し米穀類についての口銭徴収の権利を留保することができたといえる。しかし、この裁許実施のための仕法書作製にあたり、双方にふたたび大きな対立を生じることとなる。それは、次のような事情によるものであった。

安政四年四月一八日の裁許から五〇日ほどすぎた閏五月七日、八三カ村惣代が莉沢宿を訪ね、裁許内容の実施について協議したのを最初に、その後は莉沢宿側からも韮崎宿に出向き再三再四の交渉を行ったが、裁許内容の実施については容易に妥結しなかった。

その争点の第一は、裁許文言中にある「手作之穀物類手馬ニ而相手村方附通候分」、すなわち無口銭分の取り扱いについてであった。これについて、莉沢宿側はこの意をきわめて厳密に考え、「手作」とは小作納米穀を含まず、「手馬」とは雇馬・借馬を含まないと考える。そのため仕法書案は各村内の馬持百姓の持高を基礎と

表12　駒井村等８か村及83

| | 村　高 | 損地居屋敷高 | 残　高 | 人　口 | | 牛馬数 | |
|---|---|---|---|---|---|---|---|
| | | | | 文化期 | 安政期 | 文化期 | 安政期 |
| | 石 | 石 | 石 | 人 | 人 | 頭 | 頭 |
| 駒　井 | 1,226.7 | 176.2 | 1,050.4 | 694 | 757 | 78 | 94 |
| 西岩下 | 90.3 | 16.9 | 73.3 | 134 | 51 | 8 | 21 |
| 祖母石 | 122.4 | 34.6 | 87.8 | 190 | 201 | 14 | 15 |
| 南下条 | 470.3 | 43.7 | 426.6 | 345 | 363 | 15 | 50 |
| 坂　井 | 350.1 | 13.6 | 336.4 | 170 | 193 | 8 | 28 |
| 北下条 | 880.8 | 162.6 | 718.1 | 488 | 534 | 43 | 65 |
| 岩　下 | 602.5 | 270.9 | 331.6 | 370 | 218 | 33 | 34 |
| 中　条 | 1,444.7 | 90.3 | 1,354.4 | 663 | 669 | 46 | 98 |
| 83か村総計 | 38,133.8 | 3,212.7 | 34,921.1 | 34,521 | 33,871 | 3,820 | 4,553 |

注１）安政５年４月北組83か村「年分穀高取調帳」より作製。
２）文化期は「甲斐国誌」村里部による。
３）取入穀は各村ごと残高１石につき６俵～20俵（平均7.2俵）を掛け算出されている
４）夫食は年間１人に付３俵，飼料は年間牛馬１頭に付５俵で算出している。
５）（小計）は上納米・夫食・飼料の計であり，これを取入穀より差引いたものが余剰
６）83か村余剰穀108,729俵中韮沢宿附通し分20,000俵とし，それと残高34,921.1石の

し、その夏秋取入石高を算出し、このうち小作米分と年貢米分・夫食分・牛馬飼料分の石高を差引いた残石高をもって、「手作之穀物類手馬ニ而」売出す部分とし、このうち韮沢宿を附通す分を無口銭の対象となるものと考える。これに対して八三カ村側は、「手作」「手馬」とはより広義に考える。したがって仕法書案では、各村の村高を基礎として夏秋取入石高の豊凶平均取入石高を見積もり、このうちから年貢米分・夫食分・牛馬飼料分の石高を差引いた残石高を、「手作之穀物手馬ニ而」売出す部分とし、このうち韮沢宿を附通す分を無口銭の対象となるものと考える。また第二の争点は、相対口銭の額であったが、従来馬一駄六文であったものを、八三カ村側は、一駄四文を主張していた点であった。

この仕法書作製をめぐる争いは、八三カ村側・韮沢宿側が、互いに支配代官所を通して相手方を説得しよ

うとして不調に終わり、同年九月九日莉沢宿側が、支配市川代官の添翰を得て、裁許の解釈方を勘定奉行所に伺い出ることとなった。この結果九月二三日関係双方が白州へよびだされ、ふたたび裁許通り示談を成立させるよう命じられ帰国したのであった。このような経緯をたどり、仲介人を立て示談に至ったが、示談の内容はほぼ八三カ村の主張していた内容による次のようなものであった。

示談により安政五年四月作製された八三カ村の「年分穀高取調帳」によれば、その内訳は表12の総計欄にみるように、各村高を集計した惣村高三万八一三三石余を基礎に、損地居屋敷地高三二一二石余を差引き、残高三万四九二一石余を対象としている。これに対する取入米雑穀俵高二五万二八九六俵（平均一石につき七・二俵）を算出、上納米一万九四四〇俵・夫食一〇万一九九七俵（米雑穀年間一人三俵ずつ）・牛馬飼料二万二七三〇俵（米雑穀年間一頭五俵宛）を差引き、一〇万八七二九俵を余剰米雑穀として附出しの対象とした。そして、このうち二万俵を鰍沢宿への附出し売却分とし、莉沢宿附通しに際しては、無口銭とすることとし、残り八万八〇〇〇俵余はその土地あるいは韮崎・甲府に附出し売却する分とした。そしてこの無口銭分二万俵は、村々の惣村高から損地・居屋敷地高を差引いた残高三万四九二一石に割合い、一〇〇石につき約五七・三俵を各村の残高に掛け、各村の無口銭俵数を決定した。実際には、莉沢宿に各村印鑑を渡し、一駄ごとに村印鑑切手を持参し、無口銭荷物であることを證明する方法がとられた。無口銭以外の米穀荷物については、口銭六文と決定した。

このような合意に達した時点が、安政四年から五年の時期であったことは、先の「年分穀高取調帳」が五年四月に作製されていることから推察できる。しかし、対象が八三カ村と多数の村々にわたり、示談書の調印はなお遅れた。文久元年五月一七日、山梨郡千塚村尾沢嘉七郎・八代郡楠甫村名主望月良左衛門らを立会人として、仮議定を行い、帳面印形のそろい次第、本議定の調印をすることとしてひとまず落着をみたのであった。

この示談内容が実施されたのは、いつからであったか不明であるが、仮調印は文久元年であり、本調印はさらにその後であったとしても、実質合意に達した安政五年からは実施されたように考えられる。それは、荊沢宿問屋が同六年から翌七年（万延元年）にかけ、出入関係諸経費の精算を行っていることからもほぼいえるところである。

この示談によって作製された仕法書の内容については、荊沢宿側が一〇年間はこの内容により実施することを主張していたこと、また丑五月と記された慶応元年と推定される不完全な仕法書が残されている点から、その後一度は再調査が企てられたことがわかる。しかし、その仕法書の表に「慶応四年御一維新王政明治トナル、茲諸般一変ス、宿場問屋等之必用ハ追テ省減廃シトナル、依之本裁許之本文履行セズ」と記されており、永年にわたる訴訟の結果も、明治維新と新政府による宿駅制の改廃の中で、短い期間実施されたのみで終わったことを知ることができる。

## 市場圏の構造

先に第二章「一　甲州と信州間の駄賃稼ぎ」の節で見たように、信州中馬の甲州方面への積荷の主たるものは米穀類と酒であった。中でも米穀類は、元文・寛保期において甲州道中各駅と信州中馬との口銭をめぐる争論の焦点となった。この争論は、米をはじめとして、大小豆・大小麦・稗・粟・蕎麦など雑穀類を無口銭とすることで合意に達したが、この後、明和元年の裁許でもこの合意は受け継がれ、慣行として定着していった。またこの元文・寛保期の口銭出入に、甲州道中の脇往還の宿場であった荊沢宿が、ほかの甲州道中各駅の側に立って参加したのも、信州中馬の主要輸送品目であった米穀類が、韮崎宿から甲府方面のみでなく駿信往還に入り、荊沢宿を経由して鰍沢河岸へと、しだいに輸送量を増加しつつあった事情を反映したものであったことは、いずれも先述した。

このような信州中馬による鰍沢への米穀類輸送の増大は、これより以前富士川舟運の発展をうけ、延宝元年（一六七三）、信州諏訪高島藩が、つづいて松本藩がそれぞれ鰍沢河岸に米倉を設置し、米問屋を定置して藩米輸送を開始したことに起因していた。しかし、輸送量増大の基礎的要因としては、鰍沢が南信方面・甲州北西部にとって最も近い食塩供給地であり、駿州をはじめ沿岸各地からの食塩に代表される海産物と、内陸部からの農民的小商品・米穀類などとの交換流通をはかる、最も魅力ある地点であったことを挙げなくてはならない。しかも鰍沢は、単に甲州西部の地域的米穀市場の一中心たるにとどまらず、富士川舟運を通して信州・駿州・江戸という広域市場を後背にもち、しだいにより広い地域を市場圏としていったから、信州中馬はもとより、逸見・武川筋農民にとって鰍沢は、農民的小商品・米穀類などの流通について、発展の可能性を最も多くもつ地点であった。こうして年とともに鰍沢を中心とする米穀市場圏は拡大していき、天保期になると、信州中馬の河内領への進出さえ引き起こし、前節でみたように嘉永・安政期には、荊沢宿での口銭徴収問題の発生をもみることとなった。

すでに見たように、こうした鰍沢を中心とする広域的市場圏の形成と発展の中で、甲州道中・佐久往還を経て駿信往還を附通す鰍沢方面への米穀類の輸送は、信州中馬により、すでに寛保元年以降、荊沢宿を含む途中各宿場での無口銭附通しが行われることになった。これに対し、逸見・武川筋からの米穀類附通しも、天保期以後になると、信州中馬による信州米とともに、鰍沢方面への輸送量をいちだんと増加させ、米穀類を核として諸商品の流通を飛躍的に拡大させていった。これにより、そこでの輸送の実態は、農間余業的な駄賃稼ぎからしだいに専業化し、信州中馬とあまり変わるところがないまでに発展してきていた。その結果嘉永・安政期にわたり、信州中馬と同様な附通し米穀類の無口銭を主張した争論を生んだのであった。

まず、鰍沢方面への輸送量をいちだんと増加させ、米穀類を核して諸商品の流通を飛躍的に拡大させていった点について、荊沢宿の嘉永・安政期での諸荷物流通量と、そこに占める米穀類の量とを通して、鰍沢を中心とする甲州西部における市場構造についてみると、次のようであった。

すでに前節で見たように、嘉永七年の荊沢宿での諸商品の流通量は、関係諸帳簿類を整理してみると、宿継ぎ荷物約一五二〇駄・附通し荷物三八〇駄・煙草荷物約五一〇駄・板荷物三〇駄で計二四四〇駄となる。このほかに口銭取り立の附通し荷物があるが、嘉永七年の関係帳簿がないので前年の六年の「口銭請取帳」についてそれをみると、一月から九月までの九カ月間で、米穀類六三七七駄を含めて六六五九駄となる。これを年間一二ヵ月とすると、米穀類だけでは年間約八五〇〇駄ほど、その他諸荷物を含めると八八〇〇駄ほどと推定できるから、年間総計一万一〇〇〇駄ほどを問屋の口銭・蔵敷銭など徴収対象となる諸荷物の流通量を考えることができる。いうまでもなく、このほかに無口銭である大量の塩荷物・中馬荷物――とくに米穀類などもあったわけであるから、これらを含めた荊沢宿での諸荷物流通量はさらに多いと考えられる。ともあれ問屋諸帳簿類を集計して推定した口銭等徴収のあったもののみでこのくらいの数量を推定できるわけであり、荊沢宿を通過する口銭等徴収対象諸荷物の約四分の三ほどは米穀類であったといえる。

このような鰍沢方面への米穀類の流通量の多かったことを示すほかの例は、嘉永・安政期の北組八三カ村と荊沢宿の間で取極められた示談の内容である。

それによれば北組八三カ村のみで、年間一〇万八〇〇〇俵余の余剰附出し可能の米穀類が保有されており、内二万俵（一駄二俵附けで一万駄）が無口銭で鰍沢に附出す分と見なされていた。もし鰍沢に附出される米穀類が二万俵未満であるならば、荊沢宿は北組八三カ村については米穀類附通しによって得るはずの口銭は皆無となる。したがって、この二万俵に荊沢宿側が同意したことは、荊沢宿側が、八三カ村から鰍沢へ附通される米穀類は、少なくても二万俵以上になると考えたことにほかならない。この点を裏づける史料として、口銭出入中の諸経費三九四両余を返済するための「問屋収支覚書」がある。これは安政六年一二月に書いたと推定できるが、これによると年間収入三三両余の内訳として、口銭一九両余・諸荷物蔵敷一〇両・煙草その他の口銭と蔵敷四両をあげている。このうち口銭は一日につきおよそ三四八文と予測し、三四八文の口銭は、米穀類附通しなどの口銭が一駄六文であるから、その駄数は一日五八駄、年間三五四日で二万五三二駄となる。すなわち、北組八三カ村からの米穀類一万駄（一駄二俵附け二万俵）を無口銭としたとしても、なお二万駄をこえる米穀類をはじめとする諸荷物の口銭収入を予定することができたのである。もちろんこの口銭の大部分は、中馬以外の米穀類などの附通し荷物からのものであることはいうまでもない。

以上のように、鰍沢を中心とする駿信往還での商品流通の拡大は、米穀類に大きな比重がかかっていたことがわかったが、それはここの地域市場圏の構造に深く関わるものであった。すなわち米穀類は次にみるように、多様な「上り荷物」に見合う「下り荷物」の主要荷物として、この市場圏を支える重要な役割を負うものであった。

荊沢宿での嘉永七年の宿継ぎ荷物についてみると、鰍沢から荊沢宿を経由して韮崎宿に達する「上り荷物」四五四駄は藍・畳表などの遠隔地からの商品と、綿類・糸などの近在の商品や、箕・茶など富士川沿岸諸村で生産された地廻り的商品であった。中でも藍は一二〇駄に達し、上り荷物の二六パーセントを占め、畳表八四駄一九パーセント、箕・茶一二四駄二七パーセントを加えると、四品で上り荷物の七二パーセントに達していた。これらの諸商品は藍がほぼこの地域で消費されていることから、ほかも一応韮崎宿を中心とする逸見・武川筋の諸村により消費されたと考えられる。また宿継ぎ荷物の「下り荷物」についてみると、この地域で生産され鰍沢方面に附出されている商品は見あたらない。すなわちこの下り荷物の約七〇パーセントを占めるものは、信州飯田荷物と称される紙・元結・椀・箸・櫛などと、一七パーセントに達する信州松本荷物ともよべる太物・苧（麻）などがほとんどである。すなわち、宿継ぎ荷物については、「上り荷物」として逸見・武川筋で消費される商品に見合うものは、この地域からは「下り荷物」としては何も送り出されていないのである。

宿継ぎ荷物については以上のごとくであるが、附通し荷物をみるとこの様相は一変する。嘉永六年の「口銭請取帳」によれば、一月より九月まで九カ月間に莉沢宿を通過した附通し荷物約六六〇〇駄のうち、「上り荷物」二二二三駄に対し、「下り荷物」は六三七七駄でその九七パーセントを占め、そのすべてが米五九九四駄をはじめとする米穀類である。この場合、米穀類の附出しが最盛期を迎える一〇月以降が加えられていないが、これを前年嘉永五年一〇月でみると、二五日間に一八四〇駄に達しており、これらの数値が八三カ村との口銭出入中の時期のものであることを考慮に入れると、ここを通って鰍沢に附出される米穀類はさらに多量であったと考えることができる。

つまり以上見てきたように、鰍沢を中心とする市場圏は、塩を含めて考えるとさらに広域にわたるものであるが、少なくとも甲州西部に限ってみるならば、宿継ぎ荷物をはじめとする「上り荷物」各種商品の移入は、「下り荷物」中の口銭荷物である米穀類の附出しによって、収支を補う市場構造であったことがわかる。これは、先述した八三カ村による訴願中の一節にある「私共村々之儀（中略）穀物売払、塩茶其外他国之土産之品々買求、日用暮方仕候」という文言は、まさに米穀類の附出しを軸とする商品流通の実態を如実に示すものにほかならない。

## 市場圏内の駄賃稼ぎ

甲州西部における鰍沢を中心とする市場圏内にあって、これら荊沢宿を附通される下り荷物の主流を占める米穀類は、誰によってどこから附出されていったのかをみると、そこでの輸送の実態は、農間余業的な駄賃稼ぎからしだいに専業化し、信州中馬とあまり変わるところがないまでに発展してきていた姿――この地域における、駄賃稼ぎを目的とした米穀類の中馬的輸送の実態が浮き彫りとなってくる。それは次のようである。

表13は、嘉永六年の荊沢宿での「口銭請取帳」を整理し、そこに出てくる約一二〇カ所の地名に従い、何駄の米穀類が何人の馬士により附通されたかを調べ、その上位二〇カ所について表にしたものである。これらの地名を図5でみると、ほぼ次の四つの地域に分けることができる。第一はほぼ甲州道中に沿った諸村――祖母石《うばいし》・穴山・三吹・白須。第二は甲州道中の円井《つぶらい》村から分かれて駿信往還に結ぶ西郡道に沿った諸村――下条（下条西之割村）・若尾・北原（上条北之割村）など。第三はほぼ佐久往還に沿った韮崎宿

以北の諸村――岩下・中条・大蔵。第四は駿信往還に沿った諸村坂の上（下条東之割村）・真葛（下条南割村）・六科《むじな》・野牛島《やごしま》・百々《どうどう》・在家塚・有野などである。

　この四地域についてそれぞれの地域的特質を表13によってあげると次のようである。すなわち第一・第三の地域――訴訟方北組八三カ村の地域の諸村は、附出す駄数に比較して馬士の延人数が少ない。つまり一人の馬士が一度に附出す駄数が平均二駄以上となっている。しかし第二の地域である下条・若尾・北原などの北部の西郡道にかかわる諸村では、馬士一人が一度に附出す駄数があまり多くなく、平均二駄ほどとなっているが、第四の地域である駿信往還に沿った大部分の諸村は、一駄附による附出しがほとんどであることがわかる。このことは、第一・第三の八三カ村の訴訟方の地域諸村では、中馬的駄送方法――一人の馬士

表13　嘉永６年荊沢宿附通米穀村別表

| 順位 | 地名 | A駄数 | B馬士数 | A／B | 備　考 |
|---|---|---|---|---|---|
| | | 駄 | 人 | | |
| ＊1 | 祖母石 | 596 | 255 | 2.3 | |
| 2 | 下　条 | 420 | 210 | 2.0 | 下条西割村 |
| 3 | 坂の上 | 324 | 263 | 1.2 | 下条東割村 |
| 4 | 六　科 | 294 | 268 | 1.1 | |
| ＊5 | 三　吹 | 278 | 115 | 2.4 | |
| ＊6 | 中　条 | 278 | 133 | 2.1 | |
| 7 | 若　尾 | 273 | 140 | 2.0 | |
| ＊8 | 白　須 | 266 | 76 | 3.5 | |
| 9 | 百　々 | 236 | 213 | 1.1 | |
| 10 | 北　原 | 221 | 145 | 1.5 | 上条北割村 |
| 11 | 有　野 | 208 | 163 | 1.3 | |
| 12 | 真　葛 | 199 | 177 | 1.1 | 下条南割村 |
| 13 | 在家塚 | 180 | 152 | 1.2 | |
| 14 | 飯　野 | 166 | 152 | 1.1 | |
| 15 | 桃　園 | 151 | 139 | 1.1 | |
| ＊16 | 大　蔵 | 145 | 47 | 3.1 | |
| ＊17 | 岩　下 | 144 | 75 | 1.9 | |
| 18 | 野牛島 | 139 | 125 | 1.1 | |
| 19 | 上宮地 | 113 | 102 | 1.1 | |
| ＊20 | 穴　山 | 102 | 61 | 1.7 | |

注１）嘉永６年荊沢宿問屋「口銭請取帳」より作製。
　２）対象期間１/３～９/30。
　３）地名中備考に村名のあるものは字名。
　４）対象120か所中上位20か所。
　５）＊訴訟方83か村中諸村。

が一綱数頭の馬を追って駄送する方法が多くとられていたのに対し、第二・第四の地域では、たとえ中馬的方法がとられていたにしても二頭程度であって、一人の馬士が一頭を引く駄送方法が一般的であったことを示している。たとえば、この嘉永六年の「口銭請取帳」の中で、第一の地域の甲州道中沿いにあり、最もよく中馬的駄送方法を示す白須村についてみると次のようである。

表14で示したように、白須村の馬士たちによって嘉永六年一月より九月の終わりまでに附出した米穀類は、総計で二六六駄（一駄二俵付五三二俵）の米であり、七六回にわたり萠沢宿を附通し、鰍沢方面に送られている。ところで、このうち嘉左衛門が一七九駄―四九回、太左衛門が七〇駄―一九回駄送したのをはじめ、ほかに梅吉ほか七名の駄送の状況を知ることができる。このうちとくに嘉左衛門は、二・八・九月を除く六カ月間にこれだけの数量を駄送しており、一回の駄送も二駄から六駄に達し、四月には一八回―七二駄を附出している。また太左衛門も六月の二二回―五〇駄をはじめとして、嘉左衛門の駄送していない八・九月にも附出しを行っている。これを数的にみるならば、白須村の馬士によってこの間に駄送された米のうち、嘉左衛門・太左衛門の二人で総数の九三パーセントを附出したこと

表14　嘉永６年萠沢宿米穀附通
白須村馬士分一覧表

| | A駄数 | B回数 | A／B |
|---|---|---|---|
| 1　嘉左衛門 | 179 | 49 | 3.7 |
| 2　太左衛門 | 70 | 19 | 3.7 |
| 3　梅　　吉 | 3 | 1 | 3.0 |
| 4　市之丞 | 2 | 1 | 2.0 |
| 5　喜重郎 | 2 | 1 | 2.0 |
| 6　藤兵衛 | 2 | 1 | 2.0 |
| 7　吉兵衛 | 2 | 1 | 2.0 |
| 8　直兵衛 | 1 | 1 | 1.0 |
| 9　松　　吉 | 1 | 1 | 1.0 |
| その他 | 4 | 1 | 4.0 |
| 計 | 266 | 76 | 3.5 |

注１）萠沢宿問屋嘉永６年「口銭請取帳」より作製。
２）対象期間１/３～９/30。

となり、この二人は、明らかに中馬的駄送に従う専業的運輸労働者と見ることができる。

しかし、このような専業的運輸労働者とよび得る嘉左衛門や太左衛門のような存在に対し、梅吉・市之丞などのように、中馬的駄送に従う専業的な存在とは考えられても、米穀類の駄送のみを専門的に行っていない者たちもあり、また直兵衛・松吉などのように、手馬で手作り穀物類を附出したと考えられる者たちの存在も、決して無視することはできない。梅吉・市之丞などは、当然機会があれば米穀類の駄送にも従事したであろうし、直兵衛・松吉などと同じように、手馬による手作穀物類の附出しを行うものは、当時この問題に関して江戸公事中であったことを考慮すると、平常はさらに多数にのぼったと考えてよいだろう。

このようにみるならば、白須村の馬士たちに代表される第一・第三地域での米穀類駄送は、たしかに中馬的駄送方法が主体ではあったが、一人で一頭の手馬を引いて、手作り穀物類を附出す形態も、決して行われなかったわけではなかった。むしろ一方では、中馬的駄送による輸送の専業化が進みながらも、他方手馬による手作り穀物類の附出しが、広範に存在した。それゆえに、荊沢宿との間で附通し米穀類無口銭をめぐり、七カ年余にわたって多大の費用と時間を使いながらも、なお江戸公事をつづけた理由があったのである。

第一・第三の北組八三カ村の訴訟村々の地域を代表する、米穀類の駄送形態の例として、白須村の馬士たちについてみたが、次に第二・第四の地域を代表する例として、六科村の馬士たちの例についてみると、次のようである。

表15で示したように、六科村の馬士たちにより、嘉永六年一月より九月末日までに附出された米穀類は、総計で二九四駄であり、このうちには一七駄の麦が含まれている。これは二六八回にわたり荊沢宿を附通し、鰍沢方面に送られている。一回あたりの駄数は一・一駄であり、白須村でみられたような、中馬的な駄送が主流であったのとは異なり、ここでは一駄附が主流であったといえる。しかし、すべてが一駄附というのではなく、時としては二・三駄附の場合も少ないながらみられる。

ところで、このうち彦右衛門・六兵衛・栄兵衛らは、彦右衛門の八四駄—八〇回をはじめ、六兵衛の四

**表15　嘉永６年荊沢宿米穀附通六科村馬士分一覧表**

| | A駄数 | B回数 | A／B |
|---|---|---|---|
| 1　彦右衛門 | 84 | 80 | 1.0 |
| 2　六兵衛 | 47 | 40 | 1.2 |
| 3　栄兵衛 | 38 | 30 | 1.3 |
| 4　平左衛門 | 15 | 14 | 1.1 |
| 5　万右衛門 | 9 | 9 | 1.0 |
| 6　金五郎 | 6 | 6 | 1.0 |
| 7　佐兵衛 | 5 | 5 | 1.0 |
| 8　太郎右衛門 | 4 | 2 | 2.0 |
| 9　久右衛門 | 3 | 2 | 1.5 |
| 10　松吉 | 3 | 2 | 1.5 |
| 11　舛重郎 | 2 | 2 | 1.0 |
| 12　直助 | 2 | 2 | 1.0 |
| 13　亀吉 | 2 | 1 | 2.0 |
| 14　儀左衛門 | 1 | 1 | 1.0 |
| 15　紙助 | 1 | 1 | 1.0 |
| 16　又兵衛 | 1 | 1 | 1.0 |
| 17　三右衛門 | 1 | 1 | 1.0 |
| 18　九兵衛 | 1 | 1 | 1.0 |
| 19　円右衛門 | 1 | 1 | 1.0 |
| 20　吉兵衛 | 1 | 1 | 1.0 |
| 21　才助 | 1 | 1 | 1.0 |
| 22　喜兵衛 | 1 | 1 | 1.0 |
| 23　巳代蔵 | 1 | 1 | 1.0 |
| 24　松兵衛 | 1 | 1 | 1.0 |
| 25　作兵衛 | 1 | 1 | 1.0 |
| 26　岩右衛門 | 1 | 1 | 1.0 |
| 27　茂右衛門 | 1 | 1 | 1.0 |
| 28　直右衛門 | 1 | 1 | 1.0 |
| 29　重左衛門 | 1 | 1 | 1.0 |
| 30　喜右衛門 | 1 | 1 | 1.0 |
| 31　太兵衛 | 1 | 1 | 1.0 |
| 32　仁左衛門 | 1 | 1 | 1.0 |
| 33　久兵衛 | 1 | 1 | 1.0 |
| 34　太助 | 1 | 1 | 1.0 |
| 35　六右衛門 | 1 | 1 | 1.0 |
| 36　喜六 | 1 | 1 | 1.0 |
| 37　和平 | 1 | 1 | 1.0 |
| その他 | 50 | 49 | 1.0 |
| 計 | 294 | 268 | 1.1 |

注１）嘉永６年荊沢宿問屋「口銭請取帳」より作製。
２）対象期間１/３～９/30。

七駄―四〇回、栄兵衛の三八駄―三〇回と、駄数こそそれほどではないが、回数については、白須村の嘉左衛門の四七回、太左衛門の一九回をはるかにこえている。しかし、三人を合計しても、六科村馬士分総駄数の五八パーセントを占めるにすぎず、白須村の嘉左衛門・太左衛門が二人で白須村馬士分総駄数の九三パーセントを附出したこととは、大いに異なるところである。このように駄数ではともかく、駄送回数でみる限り、これら彦右衛門らもまた専業的駄賃稼ぎと見ることができる。

当時白須村と鰍沢宿とは争論中であり、白須村の馬士たちは鰍沢方面に附出さなくても、韮崎宿・甲府方面に附出すことをしたであろう。それに対して、韮崎宿と鰍沢方面との中間にある六科村の馬士たちの場合は、よりいっそう近距離である鰍沢方面への附出しの機会をもっていた。したがって、ときとして一日に二往復もする場合も散見される。このような距離的な優位性が、六科村では白須村にみられるような、輸送能率を高めるため一綱数頭を追う中馬的駄送方法を発展させる必要がなかったと考えることができる。ここに、白須村に代表される第一・第三の地域での駄送方法の主流が中馬的であることとは逆に、六科村に代表される第二・第四の地域では、一駄附が主流である理由があったと考えられる。それは、六科村の場合判明する人名三七名中二六名、七〇パーセントの人々が一駄附であり、一回限りの附通しであったことからも、充分納得ができるところである。

以上みてきたように、鰍沢河岸を中心として成立する甲州西部から信州にかけての市場圏は、富士川を経由する鰍沢河岸からの塩をはじめとする諸商品と、信州からの諸荷物と、信州米をはじめとする甲州逸見・武川・西郡筋からの米穀類の流通を軸に発展しつつあり、それは信州中馬や甲州の中馬追い的な専業的駄賃稼ぎたちの手によって、多くを支えられていたといえる。それならば、この米穀流通の拡大とこれを支える専業的駄賃稼ぎの発展は、どのような社会経済的基盤の上に成立していたのか、訴訟の当事者である逸見・武川筋の北組八三カ村を中心にして、次にみることとしたい。

## 市場圏内の地主制と駄賃稼ぎの発展

菲沢宿と逸見・武川筋八三カ村との口銭出入については、安政四年四月一八日、江戸において勘定奉行からの裁許が下された。その内容は先述の通り、訴訟村八三カ村は菲沢宿附通しに際し、駄賃稼ぎや売荷物である積荷については、相対口銭を支払い、その他銘々が手作り米穀類を手馬をもって附通す分は無口銭とし、村々は無口銭米穀類の年間数量を事前に決定しておき、駄賃稼ぎや売荷物の口銭荷物と紛れないよう方法――「仕方」をたて、双方がきびしくこれを取計るようにというものであった。しかし、この裁許にもとづいた無口銭分の具体的取り扱い方法は、八三カ村と菲沢宿との意見が鋭く対立し、容易に結論が得られず再論となり勘定行所に訴状が提出された。その争点は、裁許状中にある「手作之穀物類手馬ニ而相手村方附通候分」として、口銭の対象となる条件、すなわち「手作」と「手馬」の具体的内容についての解釈にあった。

この解釈の差異が、仕方書作製にあたり、双方の具体的方法の差異となって主張されることとなった。

すなわち八三カ村側は、各村ごとに作られて売出される米穀類はすべて「手作」であり、これを附出す馬はすべて「手馬」であるとする。したがって、村高を基礎にしてこのうち年貢米・夫食・牛馬飼料などの必要米穀類を差引いた余剰部分である残石高は、すべて口銭の対象にならないものと考えた。よってこれら剰余部分のうち鰍沢方面に附出すため、荊沢宿を附通すものはすべて無口銭の対象であると考えたのであった。

しかし、荊沢宿側はこの点きわめて厳密に解釈し、「手作」とは文字通り農民の手作りしたものを指し、地主が小作人に作らせたものは含めず、「手馬」とはこれまた文字通り手馬であって、借馬・雇馬などを含まない。すなわち馬持の自作米穀類のみを無口銭の対象と考え、これを基礎に年貢・夫食・飼料などの必要米穀類を差引いた残石高が、荊沢宿附通しを認める無口銭米穀類であるとした。

このような無口銭のための条件である「手作」「手馬」について、双方が鋭く対立した理由は、無口銭部分をでき得る限り拡大しようとする八三カ村と、それを最小限の範囲にとどめようとする荊沢宿との利害の対立にあった。しかし、そうした利害対立を生みだした根底には、「手作」と「手馬」とを一体化して、手作穀物の手馬による駄送として、裁許状の文言通りには解釈することのできない、社会経済的実態があった。すなわち「手作」としての米穀類を売出す者と、「手馬」をもって米穀類を駄送する者とが、社会的にも経済的にも明確に分離してきていた状況を考えざるをえない。それはいうまでもなく、土地集中を進め、大量の小作米を集積して、その換金化をはかるため米穀類を商品として大量に放出する地主層と、他方農間余業としての駄賃稼ぎをしだいに専業化し、これら米穀類の駄送に従事する運輸労働者的階層とが、広範にわたり輩出されてきている社会情勢を反映するものであった。

こうした状況は、逸見・武川筋八三カ村にみられるのみでなく、鰍沢を中心とした甲州西部市場圏全域にわたり、広範に見られるものであった。かつての元文度における、信州中馬と金沢宿をはじめとする甲州道中各宿との口銭出入の例など、一部では、早い時期からすでに見られた現象でもあったが、嘉永・安政期に入り、先述したように西部市場圏にあっては、米穀類の大量輸送を通して、ごく一般的な現象となっていたのであった。

ところで勘定奉行所は、こうした一般的状況を的確にとらえることなく、「手作之穀物類手馬ニ而相手村方附通候分」は無口銭という不用意ともいえる裁許を下したのであるから、無口銭部分を最小限に止めようとする蔦沢宿は、ただちにこの点をとらえ、再論へともちこむことに成功した。こうした蔦沢宿側の意図に対し、八三カ村側にとっては、この「手作」米穀類を「手馬」によって駄送する場合のみ無口銭であると、狭義に解釈されることを避けるため、より広義に解釈することによって、この事態を切り抜けようとしたことから、両者間の対立は、容易に妥協することができず再論となり、勘定奉行所に再度裁許を仰ぐこととなったのであった。

この再論は、勘定奉行所としては「手作」「手馬」の解釈が争点となったが、裁許状そのものの中に争点がある以上、蔦沢宿側の主張を認めることは、社会経済的実態に則さない裁許そのものの否定にもなりかねなかった。したがって、強引に荊沢宿側の主張をおさえ、ふたたび示談を命じ決着をはかった。その際、勘定奉行所の示した「手作」「手馬」についての解釈は、自分の持高分であるならば、小作に出しても「手作」であり、借馬・雇馬で附通したとしても、自分穀物――「手作」穀物であれば「手馬」附通しと考えるということであった。すなわち、当初の裁許状でいう売荷・駄賃稼ぎの附通し以外は、無口銭であるという判断が、よりいっそう拡大されて示されたことにほかならなかった。奉行所側は、「手作」「手馬」について拡大解釈することによって、自ら前回に出した裁許状のもつ、現実を無視した内容的弱点を補い、ようやくにして体面を保つことができたといえる。

このようにして、勘定奉行所側は強引に「手作」「手馬」について拡大解釈を行って、八三カ村と荊沢宿の再論を示談をもって決着させた。それにより、先述したように八三カ村から鰍沢方面への荊沢宿附通し米穀類は、年間二万俵（一駄二俵附け一万駄）を無口銭とすることで、示談が成立したのであったが、それならば勘定奉行所側がこのような拡大解釈を示し、この再論の収拾をはからざるを得なかった理由は何であったかについて、さらに考えてみることとしたい。

それは、要約していうならば、先にふれたように、土地の集中を通して大量の小作米を商品として放出する地主層の発展と、農間余業としての駄賃稼ぎからしだいに専業化し、これら米穀類の駄送に従事する運輸労働者的駄賃稼ぎの広範な輩出を背景に、西部市場圏内全域に発展してきた米穀類の生産・流通をささえる社会経済的条件に、勘定奉行所側からする適応にほかならなかった。

この西部市場圏における地主制の発展については、必ずしも充分な研究があるわけではない。しかし、明治一六年「山梨県統計書」によれば、訴訟方八三カ村が大部分を占める北巨摩郡（巨摩郡逸見・武川筋）は、小作地が全耕地の五三パーセントをこえ、甲府盆地西部を占める中巨摩郡（巨摩郡西郡・中郡筋）は、全耕地の六九・八パーセントに達していた点から、西山梨郡とともに山梨県下で最も地主化の進んでいた地域であることがわかる。こうした地主制の発展は、この地域が米穀類を中心とする農産地帯であったため、幕末・維新期の影響を養蚕地帯ほど強く受けていない点を考慮に入れると、安政期もほぼ同様な状態であったと考えてよいだろう。またこのことは、中巨摩郡藤田《とうだ》村広瀬家の嘉永期から明治初期にかけての小作米・籾販売状況の分析の事例からも、この地域における地主制発展の様相を知ることができる（佐々木潤之介「村方騒動と寄生地主――甲州水田地帯の個別例」）。

この広瀬家の事例によっても知ることができるように、地主層から放出される大量の小作米は、米または籾のまま近隣各地に販売され流通したのであるが、これら大量の米穀類は、「手馬」のみによって容易に駄送できる量でないことはいうまでもない。それは当然ながら、専業的輸送労働者的な駄賃稼ぎの手によらねばならなかった。

しかし、専業的輸送労働者的な駄賃稼ぎといっても、きわめて多様な差異があった。たとえば前項で述べたように、表14にみる白須村の嘉左衛門・太左衛門のような中馬追い的駄送方法により、短期間に少数の馬士をもって大量駄送を果たすものから、表15の六科村の彦右衛門・六兵衛などのように、一駄附により長期間にわたり駄送を果たすものなど、さまざまなものがあった。こうした差異は、先述したように、一つには地域的差異にもよるものであったが、その理由は、その折に説明したような、駄送距離が延びることによる駄送の効率化だけの理由ではなく、駄送需要者側である地主・豪農など、荷主からの要求に対応しての差異でもあったと考えられる。したがって、同一の馬士によっても、ときにより駄送の数量に差異があるのはこのためであるといえる。嘉左衛門の場合でも、一綱の頭数は同じであろうが、ときにより二駄から六駄と、積荷の数量に差異がみられるのは、一綱のうち一部にだけ米穀——口銭荷物を積んでいたため口銭関係帳簿に記載された結果であろう。

このような、駄送需要に応じた駄送形態の差異が見られる反面、駄賃稼ぎの馬士の側の都合による、駄送上の変動の例もあげることができる。たとえば表16にみるように、六科村の場合、米穀類の駄送はとくに五月が極度の減少となっている。こうした傾向は、表17でみる荊沢宿の「口銭請取帳」例よると、六科村の場合よりいっそうはっきりと四、五、六月での米穀輸送量の減少となってあらわれている。したがってこうした傾向は、全般的にみられる傾向であるといえる。しかし、この時期は米穀類の端境期にあたり、例年米穀類は高値となるのが普通であるから、むしろ駄送量は増加するにもかかわらず、米穀類の駄送が減少するのは、この時期が農繁期にあたるためであろう。このことは、農間余業的駄賃稼ぎについてはもちろん、専業的輸送労働者的な馬士にとっても、多かれ少なかれ、この期間は農作業に従事することとなり、駄送需要があっても農作業を優先する結果、米穀駄送の減少をもたらしたと考えられる。

表16　嘉永６年荊沢宿米穀附通六科村馬士分月別一覧表

| | 1月 | 2月 | 3月 | 4月 | 5月 | 6月 | 7月 | 8月 | 9月 | 計 |
|---|---|---|---|---|---|---|---|---|---|---|
| A駄数 | 7 | 61 | 37 | 51 | 2 | 33 | 29 | 44 | 30 | 294 |
| B駄数 | 4 | 51 | 33 | 50 | 2 | 31 | 29 | 42 | 29 | 268 |
| A／B | 1.8 | 1.2 | 1.1 | 1.0 | 1.0 | 1.1 | 1.0 | 1.1 | 1.1 | 1.1 |

注１）嘉永６年荊沢宿問屋「口銭請取帳」より作製。
　２）対象期間１／３～９／30。

表17　嘉永６年荊沢宿米穀附通月別表

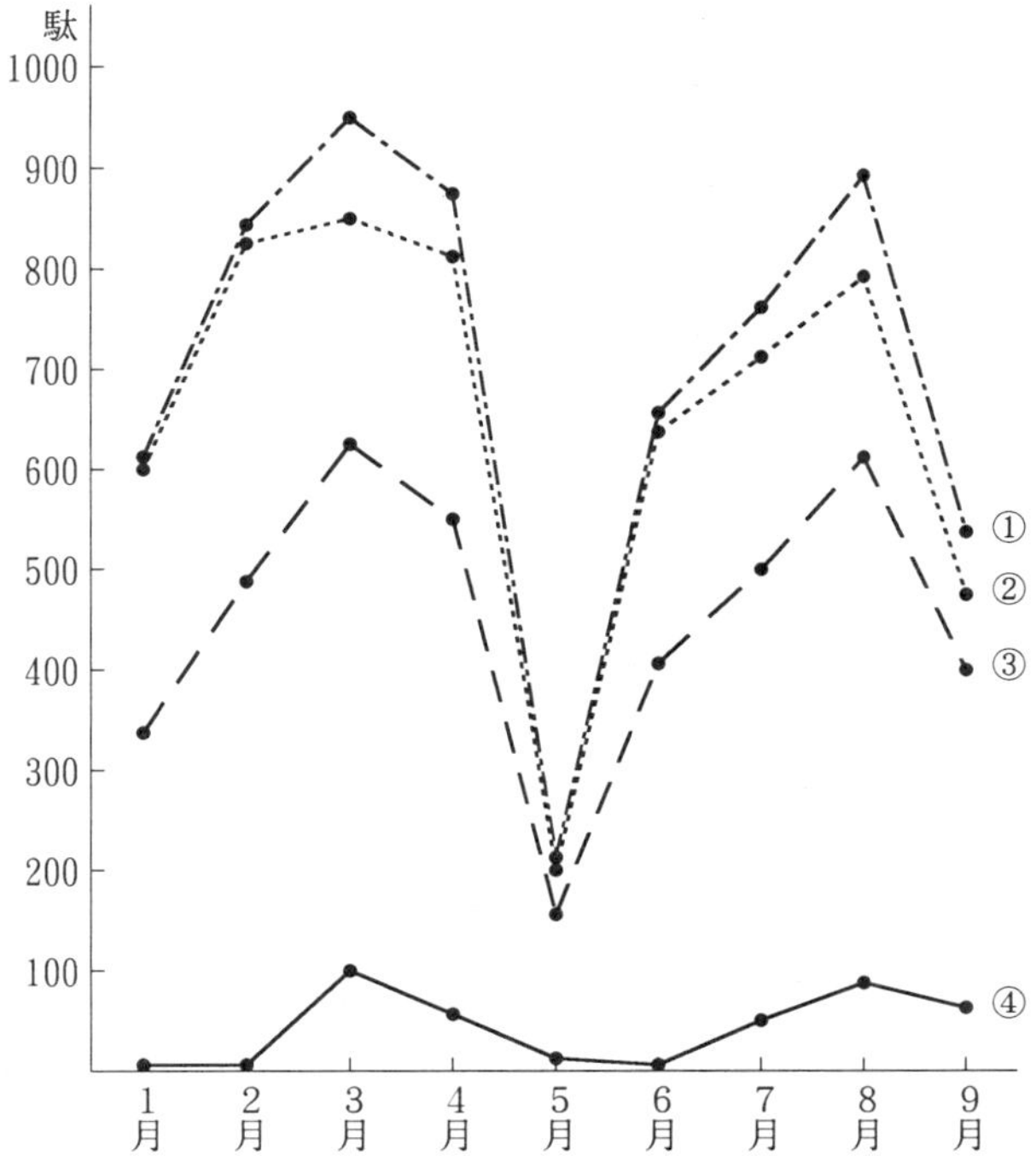


注１）嘉永６年荊沢宿「口銭請取帳」より作製。
　２）①総駄数　②米駄数　③回数　④麦駄数

このように、駄送需要者としての地主層と、駄賃稼ぎの馬士との関係は、相互不可分な関係であったが、他方農繁期には、自家での農作業が優先されるような、相互に自主性をもった自由な関係でもあったことがわかる。したがって、地主層としても、より好条件で米穀類を出荷するためには、「手馬」によることが望ましかったといえる。そこに一方では専業的な輸送労働者的な駄賃稼ぎの輩出を見ながらも、他方一駄附を主とする駄送方法が、なお広範に存在した理由があった。しかし、このような一駄附を主とする方法は、駄賃稼ぎの駄送か、「手作」米穀を「手馬」で駄送するものか、容易に区別し難かった。そこにまた訴訟方八三カ村と荊沢宿側とが、「手作」「手馬」の解釈をめぐる再論を起こした理由があったといえよう。

文化一一年松平定能編纂の『甲斐国志』によって、甲州における牛馬頭数を検討すると、それは、南北都留郡と甲府盆地西北部に位置する巨摩郡に集中していることがわかる。この巨摩郡のうちでも、とくに訴訟方八三カ村の属する逸見・武川筋と、駿州往還に沿った西郡筋にとくに集中している。すなわち甲州における牛馬総数一万三〇九九頭中、逸見筋六一カ村が二九三七頭で二二・四パーセント、武川筋三九カ村が一三六六頭で一〇・四パーセント、西郡筋六六カ村が八一三頭で六・二パーセントとなり、全牛馬数の約三九パーセントほどをこれら三地域が占めている。これは、甲州四郡九筋での牛馬頭数は都留郡を除くと、巨摩郡中のこれら三筋に集中していることを如実に示している。

このような甲州西北部地域における牛馬の飼養は、いうまでもなく、この地域での広範に展開した商品輸送——とりわけ米穀類を中心とする駄送と、密接な関係にあったと考えられる。したがって表18でみるように、逸見・武川筋における牛馬数の変化は、西部市場圏におけるこの間の商品流通とその輸送――駄賃稼ぎの発展を示すものとして、大いに注目に値する。

まずこれを逸見筋についてみるならば、文化期から安政期にかけて人口は約四パーセントの減少となったのに対し、牛馬数は逆に約二〇・五パーセントもの増加を示す。また武川筋については、史料的性格から全村（三九カ村）を対象とすることができず、約三八パーセントにあたる一五カ村についてみたものではあるが、ほぼ甲州道中に沿ったこの地域では、人口では約九・四パーセント、牛馬数では約二二パーセントの増加となっていた。そして、これは表12の八三カ村総計欄の数値によってわかるように、人口では六五〇人約二パーセント減少しながらも、牛馬数では七三三頭約一九パーセントの増加となっている。すなわち、八三カ村の中にあって、この約五〇年間に牛馬飼養はいちだんと進み、商品流通と輸送における駄送が、さらに活況を呈していったことが推測できる。

こうした、牛馬飼養の進展による駄送の発展の様相について、さらに具体的にみるために、北組八三カ村の中にあっても、萴沢宿の附通し口銭徴収に逸早く反応し、最初にその廃止を求めた駒井村など八カ村について、次に検討してみることとする。

**表18　人口・牛馬数比較表**

| | | 村　数 | 人　口 | 牛馬数 |
|---|---|---|---|---|
| 逸見筋 | 文化期 | 61か村 | 29,601人 | 2,937頭 |
| | 安政期 | | 28,411 | 3,540 |
| 武川筋 | 文化期 | 15 | 4,885 | 879 |
| | 安政期 | | 5,344 | 995 |

注1）文化期は「甲斐国志」村里部による。但し武川。
　2）安政期は安政５年４月，北組83か村「年分穀高取調帳」による。
　3）逸見筋は全村，武川筋は39か村中15か村を対象。

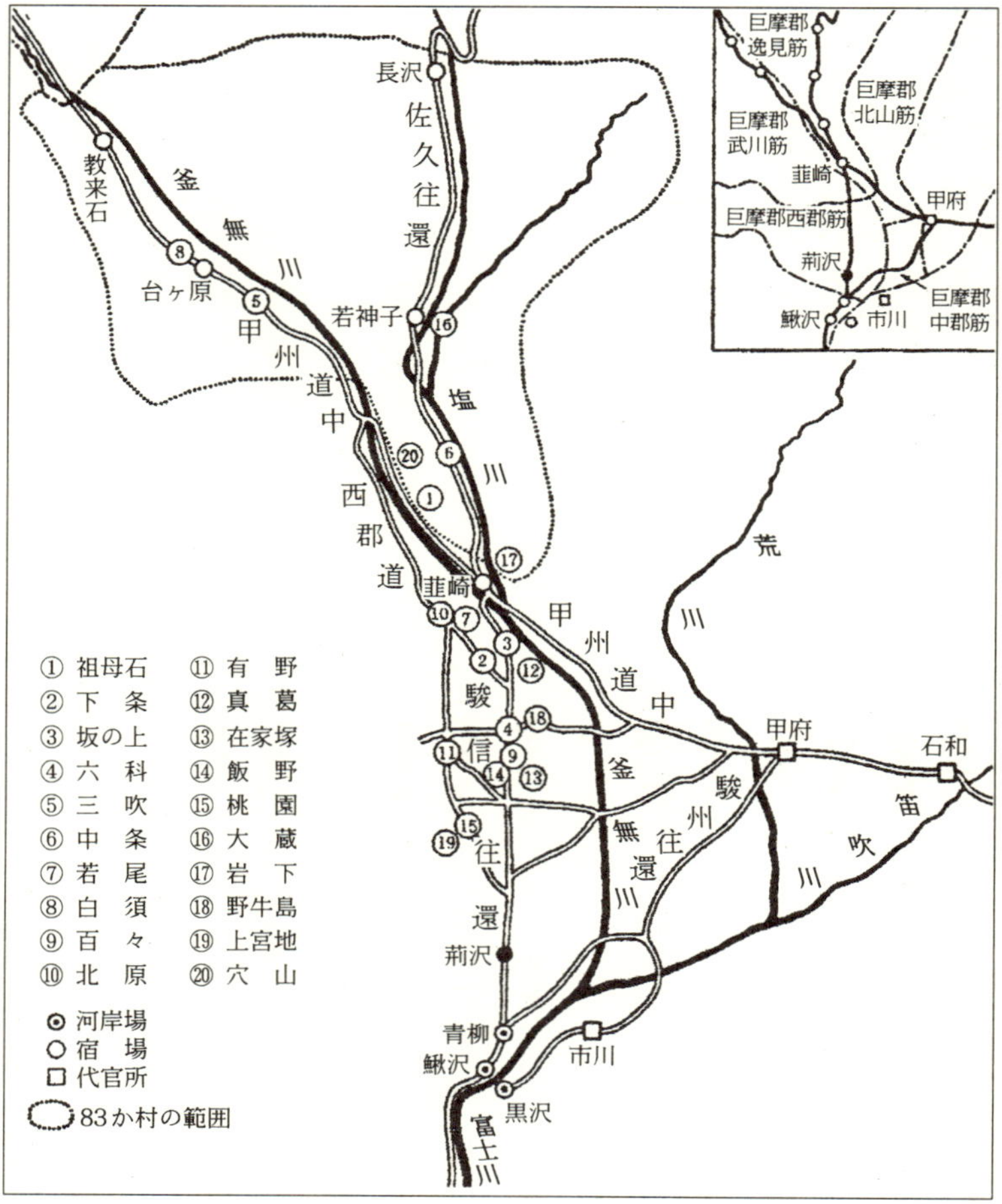


図5　甲州西部市場圏地域図

これら八カ村の位置についていうと、図5でみるようにまず韮崎宿にいずれも近接した村々であることが目につく。すなわち、韮崎宿を間に東西に、ほぼ甲州道中に沿った岩下・西岩下・祖母石村と、韮崎宿から北上する佐久往還に沿った南下条・北下条・坂井・駒井・中条村とがそれである。これら諸村を含む八三カ村に関して、葪沢宿附通し米穀類無口銭分を算出するための資料であった「年分穀高取調帳」を素材にして、八カ村と八三カ村総計についてまとめたものが表12である。

これについてみると諸村の状況がわかるが、村高は駒井・中条村のように石高一千数百石のものから、西岩下村のように一〇〇石に満たないものまでさまざまある。この点は、八三カ村中にあっても村高はもとより、人数・牛馬数などとともに駒井・中条村は最高クラスに属し、西岩下村は最下位クラスに属しており、南下条村がほぼ平均値クラスに属していることから、八三カ村の全般的な傾向を八カ村がほぼ代表していたと見ることができる。

損地居屋敷地高については、八カ村では村高に比較して相当高いことがわかる。たとえば岩下村の場合約四五パーセント、祖母石村約二八パーセント、西岩下村約一八・七パーセント、北下条村約一八・五パーセント、駒井村約一四・四パーセント、南下条村約九・三パーセントと非常に高く、八三カ村平均約八・四パーセントを下廻るのは段丘上に位置する坂井村の約三・九パーセントただ一村のみである。

そのことは、たとえば岩下村にみるように、ここは釜無川の分流塩川が、茅ケ岳の山麓斜面を削る低地の氾濫原に位置する。そのため、度重なる水害に悩まされた結果であったといえる。坂井村を除いていずれの村も損地高が高い理由は、岩下村同様に釜無川や塩川・黒沢川の氾濫原にある米作地帯であったためであり、八カ村中七カ村までがいずれも八三カ村の損地高の平均をはるかに上廻っていた。

しかし、損地高が極度に多かった岩下・祖母石村では人口が減少したり、牛馬数もほとんど増加はみられなかったものの、そのほかの六カ村は自然災害にもめげず、このような悪条件下でも、いずれも人口・牛馬数ともめざましい発展をみせている。とくに牛馬数については、文化期から安政期にかけ六五・三パーセントの増加をみており、八三カ村の一九パーセント増、逸見筋六一カ村の二〇パーセント増をはるかに上廻っていた。

こうした発展は、この地域がいわゆる逸見米の主産地として、その生産性の高さに支えられていたからにほかならない。しかし、損地居屋地高が村高の約四五パーセントにも達する岩下村や、同じくそれが約二八パーセントに達する祖母石村のような極端な村々を例にとればわかることであるが、単に米作地帯として生産性の高いことのみで発展を説明することは困難である。すなわち、そうした生産性の高さに加えるにほかの要因を必要としたといえる。それは、牛馬飼養——駄賃稼ぎなど輸送業務を通して商品流通に深く関与することによって、多大の収入を得たことであったと考えられよう。

すでに表13でみたように、嘉永六年判沢宿附通し口銭荷物の輸送量第一位は、祖母石村の五九六駄と馬士二五五人であり、第六位は中条村の二七八駄と馬士二二三人、第一七位は岩下村の一四四駄と馬士七五人であった。このことは、前述したこれら諸村の発展の一因が、駄賃稼ぎなど輸送業務を通して商品流通に深く関与することであったことを示している。

以上逸見筋の八カ村を例に見てきたように、逸見筋はもとより武川筋から西郡筋を含めて、甲州西部市場圏での商品流通の中核をなした米穀類の駄送と流通は、そこでの米穀類の生産力の高さと、牛馬飼養の発展を背景に、駄賃稼ぎの専業化と地主制の進展をもたらした。そのことは、さらに地域市場圏の中心地鰍沢を核とする商品流通を、活発化させる結果となった。

かかる状況下ではじめられた荊沢宿での附通し米穀類の口銭徴収は、米穀類流通を阻害するものとして、訴訟方八三カ村から廃止を強く求められることとなった。しかし、荊沢宿側とすれば、米穀類の流通が活発化すればするほどに、口銭徴収はいっそう魅力あるものとなり、容易に廃止することはできなかった。このような中で勘定奉行所が下した裁許が、「手作」「手馬」という米穀類を商品化する過程で、一見分けやすく見えながらも分け難く一体化し、容易に判断し難い規準によるものであったことが、この訴訟を長期化させ、裁許後再論となる原因となった。

以上嘉永・安政期七カ年にわたる甲州北西部産米地帯八三カ村と、駿信往還荊沢宿との口銭をめぐる訴訟事件を紹介し、それを手掛りに、鰍沢を中核とする甲州西部市場圏の展開と、そこでの駄賃稼ぎの実態について考察してきた。

この訴訟事件は、一面からするならば、たしかに鰍沢方面への米穀類附出しをめぐって、生産地帯諸村農民と往還宿村との間に起こった「新規口銭」徴収の対立ではあった。しかし、この口銭徴収の是非が、つねに同地域での信州中馬の米穀類附通しと口銭の有無を例に争われたことに象徴されるように、鰍沢を中心として本州中央内陸部にわたる市場圏全域に広くかかわる問題であった。また「手作」「手馬」については、過去にあって中馬制発展の過程で度々問題となり、一応の解決に至っていた問題でもあった。こうした面からするならば、なぜこの時期になって、この地域で同じような問題が起こってきたのか、市場全域を視野に入れながら考察しなくてはならなかった。その考察の結果、この時期甲州西部市場圏での米穀流通は急速に拡大しつつあったが、それは、鰍沢を通して富士川水運によってもたらされる諸商品としての「上り荷物」に対し、「下り荷物」として、信州を含めこの地域で生産される米穀類が、大量に附出されるという市場構造によるものであった。そして、これら米穀類の駄送は、広範に存在した農間余業的駄賃稼ぎと、しだいに専業化し、中馬的駄送方法をとるようになってきた専業的輸送労働者的な駄賃稼ぎたちの手によって行われていたことを、市場圏内部の駄賃稼ぎたちを例に明らかにした。

それならば、このような大量の米穀類の流通に主体的役割を担った地主層と、その輸送を担った駄賃稼ぎたちは、どのようにして輩出してきたかについて次に考察した結果、その輩出基盤は、この地域が産米地帯としての高い生産性と、牛馬飼養の発展によって支えられているものであることがわかった。以上のような諸要因を背景として、北組八三カ村と荊沢宿との口銭問題は発生したのであった。

したがって、それが甲州西部市場での米穀類の構造的流通拡大を基礎においている限り、口銭を徴収される八三カ村側はもとより、口銭を徴収する荊沢宿側も容易に妥協することができなかった。このため一度裁許が下されながら、実施方法をめぐって再論となった原因も、「手作」「手馬」がただ単に文言として不明確という問題ではなかった。実際上、口銭の対象となる商い荷物と、無口銭の対象となる手作り穀物類とを区分し、駄賃馬で附出す場合と、手馬で附出す場合とを区別することなどできないほど、大量かつ多様な諸商品荷物が、米穀類を含め広範に流通していたことに起因するものであった。よって「手作」「手馬」についても、莇沢宿の主張するような厳密な解釈と区別は事実上不可能であり、勘定奉行所のいうような広義の解釈による実施以外、方法がなかったといえよう。要は甲州西部市場での米穀類を含む諸商品流通の急速な展開こそ、争論の真の原因であったといえる。

以上のように、甲州西部市場での米穀類の流通の展開と、そこでの駄賃稼ぎの実態について考察してきたのであるが、先にも述べたように、この地域的市場圏は、鰍沢を中心に信・甲・駿三国にわたり、さらに江戸・瀬戸内などとも結ぶ広域市場圏の一部を形成しているものであることを考えるとき、さらに広域市場圏全域との関係をより明確にしなくてはならないであろう。そうした研究対象の広がりを通して、内陸での商品流通や輸送についての研究のいっそうの深化が可能になると考えられる。

# 第五章　明治維新と駄賃稼ぎ

## 一　甲府柳町宿における駄賃稼ぎの再編

中馬稼ぎは、長距離を附通して物資輸送にあたるものであったから、早い時期から中馬稼ぎの宿泊や休憩の場所としての中馬宿が発達した。先述した宝水七年の甲府奉行所への訴願中にも、「剰江戸駿州相州へ通用之人馬に宿をも借し不申」との文言がみえ、そのため人馬ともに山野に伏し、飢に及んだとある。また寛政三年（一七九一）一二月諏訪郡中馬仲間定書によれば、甲州道中では韮崎宿・甲府または富士川の河港鰍沢河岸などに中馬宿のあったことがわかる。

この中馬宿は宿場内かその近くにあり、また宿場内で荷問屋が兼業するものもあった。そして多くの場合、単なる宿場などではなく、中継地的役割を負う場所に発達した。たとえば韮崎宿のように、甲州道中と佐久往還・駿信往還が交差し、甲府へも鰍沢河岸へも連絡するような交通の要地、あるいは富士川舟運に連絡する鰍沢河岸、甲州第一の城下町甲府というような場所が選ばれたことは当然であった。したがって中馬宿は多少の差はあれ、いずれも荷問屋的な性格をもち、中継問屋的な一面をも担っていた。それと同時に中馬稼ぎにとっては、宿泊の場所であること以上に、情報交換の場であり、より有利な積荷を得る場でもあった。こうしたことから、中馬稼ぎと中馬宿との関係はきわめて強い一体感をもって結ばれていた。

甲府では柳町宿脇本陣幸三郎・片羽町中馬宿伊兵衛の両名が、家業と兼ねて諸荷物中継宿を営んでいた。ところが安政二年（一八五五）一二月、「御府内江附込候諸荷物、自己勝手伮取計猥ニ相成、宿駅助成并私共業体薄く、困窮之基与も可相成哉」という理由から、荷物中継業は両名のみに限って許可してほしいと出訴した。この出訴は、どう結末がついたか不明であるが、慶応元年九月から伊兵衛は、永五〇〇文を「中馬中継渡世冥加金」として上納している。この伊兵衛と同額をもって翌一〇月には、三日町善右衛門の名がみえるが、善右衛門の肩書は、「中馬宿」とのみなっていることから、この時期、片羽町伊兵衛は中馬荷物の中継をも営む中馬宿であり、三日町善右衛門は中馬荷物は取り扱わず、中馬宿のみを営んでいたことがわかる。

これら中馬宿とは別に、幕末・維新期の混乱の中で、甲府柳町四丁目にあって荒物商を営み、荒物屋仲間惣代や菅笠仲間総代を勤めた泉屋平右衛門が、「柳町駅売荷請継取扱人」として、在々出稼馬士や中馬稼ぎを主体とする運輸業を営むようになり、馬士および中馬稼ぎの再編に努めることとなる。本来、宿問屋が公用伝馬を勤める代償として、その副次的・補助的機能として公認された商荷物継立の権利が、いつどのようにして平右衛門の手に渡ったか検討すると次のようなことがわかる。

平右衛門が、柳町宿での商諸荷物請継の取り扱いをはじめた理由は、明治二年（一八六九）一一月に出された願書の一節によると、問屋場で商諸荷物請継を行うと、その請継と御用人馬遣払いとが混じり合い混乱するため、これを避けようと柳町宿内での相談の結果決められたということである。この近世宿駅制の中にあって中心的役割を担う問屋の機能のうち、公用継立を維持していくうえで、それと表裏一体である商荷物請継機能や権利が、なぜ分離され譲渡されたのかという理由と、その時期が問題となる。

たしかに幕末維新期は、政治的混乱の中で宿駅制が大きく転換していった時期であった。とくに慶応三年一〇月大政奉還以後明治五年八月宿駅制の廃止に至る期間は、戊辰戦争の軍事輸送の混乱の中、ここ甲府柳町宿も公用継立の増大に混乱の極に置かれた。この期間のうちとくに慶応四年三月四日中山道先鋒監軍西尾遠江之助、翌五日東山道総督参謀板垣退助による甲府入城に前後する期間は、甲府柳町宿の公用人馬継立ては錯綜・混乱した。それに加え、新政府は、戊辰戦争遂行のため、矢継ぎ早に宿・助郷の負担軽減を標榜した改革を布告し、いっそう混乱を深めた。とくに同年三月二九日布告第二〇〇号をもって、「海内一同」公平な負担を理由に従来の助郷制の根本的組み替えを行った。このため宿・助郷制は大混乱に陥ったのであった。

このような混乱の中で、柳町宿での公用人馬継立と商諸荷物継立の分離が行われたのであろう。次の明治二年二月二二日差出しの平右衛門からの甲州道中継立関係者への回文は、この時期と、柳町宿内の様子を伝えるものであると考えられる。

この回文は、甲府柳町宿和泉屋平右衛門から勝沼宿中屋新右衛門・鶴瀬宿山木屋三蔵・駒飼宿増田半兵衛・阿弥陀海宿花田屋五郎左衛門にあて差し回されたものである。これによれば、明治二年初め平右衛門自らこれらの宿場におもむき、商諸荷物請継に関し話し合いを行って帰ったのにもかかわらず、柳町宿内弥右衛門との関係調整が不充分であったため、その後弥右衛門方でも商諸荷物請継を取り扱う話にもなったが、これについては宿役人から弥右衛門方に話をつけたので、あらためて売荷物請継分は、平右衛門あてに差送ってくれるよう依頼したものである。これによれば、平右衛門が商諸荷物請継を行うようになるのは、明治二年からと考えることができよう。

たしかにこの時期に先立つ慶応四年（明治元年）は、先述のように柳町宿にとっては人馬継立が激増し、混乱の中にあった。とくに明治元年三月五日、東山道先鋒軍の甲府入城に前後して、めまぐるしく変わる政治体制を反映して、甲府は柳町宿のみでなく全町が激しく動揺していた時期でもあったから、このような宿駅の内部機構の変更という重大な変化が起こったのであろう。

このような混乱の中で、平右衛門が請負った商諸荷物請継業務の成否は、一つにはさきの回文の宛先のような、甲州道中を始めとする各往還宿駅の荷継問屋が、請継荷物を円滑に送ってきてくれるか、また自身請継ぎする諸荷物を直接輸送する馬士たちをどのようにして掌握するかにかかっていた。しかもこれは、柳町宿が行う公用継立のための馬士以外の駄賃稼ぎの馬士たちであることが必要であった。そのような馬士とはいうまでもなく、「在方出稼馬士」や「中馬稼」にほかならなかった。ここに平右衛門によるこれら馬士たちの再編が行われることとなる。

柳町宿に限ったことではないが、商荷物などの荷継ぎは、平常宿内の馬士をもって仕立てるよりは戻り馬などを利用する方法が簡便であったから、このような方法が多くとられていた。これについて平右衛門は、日頃顔馴染の馬士のみに継送荷物の駄送を依頼するのでは、人数が少なく継立に差支え、荷主や宰領のものに迷惑をかけることから、隣宿の抱え馬士はもとより、郡中村々の百姓が甲府市中へ荷物の附け出しにきた帰り馬も、継送り最寄のものであれば、相当の賃銭をもって送り状を添えて、荷物の駄送を依頼するのが慣習となっていると述べている。

しかし、帰り馬を利用して継送りを行うこの方法は、請人を取って行う「仕立馬士」と比較すると、簡便で運賃も安いのではあるが、村所・名前を聞き帳面に記録して継送り荷物を依頼しても、馬士によっては問屋から継送りを依頼された積荷を詐取するという危険を常にもっていた。

このような積荷詐取の危険が現実のものとなって、一つの事件が起こった。それは、同二年九月三日宰領牛太郎という者が、信州諏訪郡間下村綿屋権蔵荷物として、西洋木綿四箇付三駄を平右衛門方に廻してきた。そこで平右衛門方ではこれを韮崎宿問屋あてに送り状を添えて継立てたところ、うち一駄が偽名を用いた馬士に詐取されたのであった。

この事件を契機として平右衛門は、折から政府の布告した馬継相対賃銭を背景に、二年一一月以降翌三年末にかけて「帰り馬仕法」または「稼馬士仕法」と称するものを作り、事故防止を企て、さらに「売荷物請継仕法書」を作り、馬士のみでなく、各宿問屋側も相互の連帯を強め、事故防止をはかった。そこでは馬士の範囲を単なる「帰り馬」のみでなく、後には「宿々抱馬」・「郡中村々農隙稼馬士」・「中馬稼」にまで拡大し、仕法の適用範囲も柳町宿だけから、甲州道中上野原宿より教来石宿まで二五カ宿と、佐久往還宿中条宿・駿州往還鰍沢宿の計二七カ宿に及ぶものとして、関係方面に働きかけその実現に努めた。

しかし、これらの仕法は関係方面の許可が得られないままに、明治政府の陸運政策は進展し、明治四年（一八七一）五月には、「陸運会社規則案」も駅逓寮から発表され、前年五月以来進められてきた「宿駅人馬相対継立会社」設置の方向がしだいに明確になりつつあった。そして、まず東海道各駅に陸運会社設立が政府により勧奨され、ついに翌五年一月東海道での宿駅制廃止となった。こうした中で平右衛門は、あらためて中馬稼ぎを再編して、中馬輸送のための会社設立を構想するようになる。

この中馬稼ぎ再編の構想は、すでに三年二月、出稼馬士仕法中に中馬稼ぎをあげた段階にはじまる。そして、同年九月売荷継立問屋の名目を出願する文中で、柳町宿以外の他町での売荷物請継を禁止するよう県あてに求めている。これは、名こそあげないまでも、中馬中継ぎを営む片羽町布能伊兵衛を指すものであり、平右衛門が中馬稼ぎを再編しようとする意図の現われといえよう。このねらいは、県による他町での売荷物請継禁止の触流しを得て、伊兵衛の中馬中継ぎを廃止させることに成功した。

この伊兵衛の中馬中継ぎの廃止は、あらためて平右衛門と中馬稼ぎとの関係を親密なものとし、平右衛門からの中馬稼ぎへの輸送依頼も増加していっただろうと考えられる。しかも中馬稼ぎは早くから仲間組織をもち、惣代を選出し仲間議定をもって統制がとられており、輸送依頼にあたっては、「中馬札」によって身元を確認することができた。このことは不特定の「在々出稼馬士」などに比較して、はるかに積荷は安全であり、万一の場合の調査や対応も容易であったから、平右衛門がそうした中馬稼ぎの再編を考えることは当然であったといえる。

こうしたところから、五年六月の平右衛門による中馬会社出願が行われるに至ったと考えられる。この出願は、駅逓寮に平右衛門自身直接出頭して行われたのであるが、四年一〇月出願に先立ち、中馬惣代から平右衛門へ差出された書類をみると、両者の出願意図はかなり明らかである。それら書類群は、「中馬手取賃銭」と題した書類とともに、「頼一札之事」と、これに「添一札之事」と題された添書き一通が付された計三通である。これら書類は、諏訪県管轄中馬一二三カ村総代一〇名と高遠県管轄中馬総代二名から、甲府柳町高橋平右衛門あてに出されたものである。これら書類は、「中馬手取り賃銭」に関する協約書であるが、これに付随する後者二通の内容を要約すると次のようである。

今般「甲信中馬運送会社」を設立して、東京に荷請所を設置されるについては、中馬稼ぎ側は平右衛門に対し、自由な通路を選び、口銭など宿懸り銭を支払わず、宿々を自由に附通しできるように、関係方面に折衝してほしいと依頼している。これに対し、平右衛門は中馬稼ぎと商人の便利を考えこれを承諾し、東京分社設立費用は平右衛門側が全面的に負担することで合意に達したことがわかる。これに添えられた一札によると、この出願により中馬稼ぎ側の希望がかない、「手広ニ稼」ぎができるようになったときはもちろん、口銭など宿懸り銭が廃され、自由に附通しができるようになった際には、甲府附通し荷物・附出し荷物とも一駄につき銀一匁二分を、平右衛門方に「永久」に支払うとしている。そこには中馬稼ぎ側が、幕府崩壊と新政府による宿駅制度廃止の中で、対応の方途を失い、新しい方向を模索しながらも、未だそれを見出しえない苦難の状況のもとで、それを打開しようとする意図をもっていたことと、そうした中馬稼ぎの置かれた状況を逸早くとらえ、度重なる宿駅制の改変の中で、中馬稼ぎたちを自らの下に再編成しようとする平右衛門の意図とが、一線に結ばれていたことを見て取ることができる。

他方、明治五年二月晦日、山梨県は管下甲州道中二五駅を一八駅に統合のうえ、各駅に陸運会社を設立したい旨の稟議書を駅逓寮に提出した。これを駅逓寮が認可したのを受けて、山梨県が、甲州道中各駅からの「人馬賃銭表」「申合書」「規則書」を取りまとめ、駅逓寮に提出し、同年九月一日からの各駅陸運会社の設立と伝馬・助郷の廃止が決定したのは、七月一八日であった。甲州道中以外では、信州佐久往還平沢通り四駅、駿州東往還六駅、駿州往還九駅が八月一三日に、駿州往還中道通り五駅が一〇月晦日に、それぞれ各駅陸運会社の設立を認可され、都合四二駅に陸運会社が設立されたのであった。

このように山梨県下では、柳町宿をはじめとする各駅陸運会社の設立が始まる。これと平行して、同五年六月高橋平右衛門による中馬会杜設立の出願がされる。そして、平右衛門の再三の出願の結果、ついに翌六年二月「甲斐国中馬会社」の設立が許可されたのであった。柳町駅に陸運会社と中馬会社という二系統の運輸会社が設立されるに至った経緯は、先述のように維新期の混乱の中で、問屋機能が二分したことに原因する。しかし、幕府崩壊によりその運輸上の特権的基盤を喪失した中馬稼ぎにとって、甲斐国中馬会社の設立は、新しい発展の契機をもたらすものであった。

たしかにその後中央線開通に至る間の中馬会社の発展はめざましく、甲州道中を中心に各地に多数の分社を設け、内陸運輸に大きな役割を果たした。この中馬会社設立に際し、平右衛門が再編した中馬稼ぎは、近世以来甲州に進出した信州諏訪郡一二三カ村および高遠一六カ村の中馬稼ぎであった。その点、「甲斐中馬会社」は、近世以来の甲州道中を中心とした中馬稼ぎの展開の線上に位置するものであったといえよう。

## 二　中牛馬会社と甲斐国中馬会社の創業

甲府柳町陸運会社総代の一人、高橋平右衛門より中馬運送会社の設立が出願されたのは、先述のように明治五年六月のことであったが、中馬稼ぎの慣行は、本州中央内陸部においては、岡船ともよばれ、信州、上州、甲州、三州を結び、さらには越中、越後にまで達した重要な陸上輸送手段であった。しかし、明治維新以降、駅法の改正の中で、どのような取り扱いを受けたのであろうか。

明治二年八月一九日、信濃国藩県会議において「中馬取扱筋之義ハ、今般改正ニ付而相改候義無之、旧習之儀据置候事」と結論づけられ、従来通りこの地方特有の荷物輸送方法として、駅法改正の対象とされることなく、存続が認められたのであった。そして新政府もそれ以後、中馬稼ぎの取り扱いについては、特別の方針を打ち出さないまま、人馬相対継立会社設立の方針にしたがって、より強力に陸運会社設立を勧奨する時期を迎えたのであった。

こうして政府による陸運会社設立の勧奨が行われ、東海道では各駅陸運会社の発足した同五年正月、武州、上州、信州の中牛馬関係者から「中牛馬并郵便之義建言」が駅逓寮へ提出された。これは、建言といっても内容的には願書であって、先に設立された中山道郵便馬車会社を介して出願され、出願者は武州本庄宿為谷三十郎ら五名の、主として中山道沿いの者たちによってであった。

その内容は、中牛馬会社を設立し、牛馬一疋につき月額銀弐匁五分ずつ取り立て、そのうち牛馬一疋につき年額銀弐匁を上納し、高崎より信州一国はもとより、加賀、能登、越中、越後、上州、甲州までも、中牛馬稼ぎの組織を活用して、郵便物の逓送を行いたいというものであった。これに添えられた会社設立見込書と規則書によれば、中牛馬世話方会社は、中山道馬車会社に合併する上州高崎を一番組として、以下安中・下仁田、信州小諸・上田・松本・大町・和田・下諏訪・飯田・福島・善光寺、越後関川の一三カ所に一三組を置く。そして見積もりとして、中牛馬稼ぎの村数およそ二千カ村、中牛馬総数およそ三万疋と推定して、牛馬一疋につき月額銀二匁五分の取り立て金は、冥加金そのほか諸費用に当て、会社運営をはかる。宿駅村々に中牛馬定宿各一軒、そこに下世話の者各一名を配置し、頭取一人、手代三人を各社におき、郵便物書状の配達、中牛馬荷物の取締りを行うという相当に規模の大きいものであった。しかしこれで見る限りは、中馬宿と荷宿を兼ねた従来の中馬荷継問屋の連合組織的なものであったと見ることができる。この点中牛馬会社の設立後、駅逓寮に設立申請をして会社設立に至った「甲斐国中馬会社」は、一人一人の駄賃稼ぎ人の「入社」の意思を確認したうえ設立され、会社としては、中牛馬会社よりいっそう整備された形態をもつものであった。

ともあれこの出願は、五年一月二七日の大蔵省の省議により認可され、「高崎中牛馬会社」として、同年七月一日に営業を開始した。これにつづいて八月には、当初の出願の際の予定地に塩尻、松島を加え、都合一六カ所に中牛馬会社が開設されるに至った。この際東京馬車会社において決定された二三条よりなる定款は、その年の一二月までに元社を定め（元社・分社の関係を整備）、正副社長を選出し、より充実したものにすることを条件に、駅逓寮から許可されている。

同社の定款によると、中牛馬による輸送方法は「元発送状の宛所まで牽通しをもって本業とすべし」とあるように、いわゆる「附け通し」による伝統的な中牛馬輸送の方法によるものであり、牛馬一疋につき年額銀三〇匁（月額銀二匁五分）の手数料と引き換えに、営業のための鑑札一枚が交付され、新政府の認可する会社の下にあって駄賃稼ぎが認められる組織であった。このようにして、新政府による各駅陸運会社設立の勧奨は、幕藩体制の中で「明和の裁許」をもって確立されてきた中馬稼ぎに終止符を打ち、新しい駄賃稼ぎの制度と組織を誕生させた。

こうして発足した中牛馬会社は、翌六年東京に中牛馬会社取扱所を設置して、発展の時期に入った。しかし当時筑摩県に属していた飯田会社では、同年一月から鑑札料の徴収をめぐる紛争が、旧中馬問屋であった会社側と中馬稼ぎ人たちとの間に起こった。このため同年一一月「中牛馬会社之義、追々弊害ヲ生シ候ニ付、更ニ入社之義一切差止」を駅逓局から命じられた筑摩県は、県内での活動を禁止する事態となった。このため、この地域での中牛馬会社の活動が復活するのは、筑摩県が廃止され長野県に統合される明治九年以降であった。

以上のような明治五年一月以降の中牛馬会社設立とその後の経緯は、当然なことながら、中牛馬稼ぎの口から遂一甲府柳町にも知れ、高橋平右衛門の耳にも入っていただろう。それに加えて、中牛馬会社の設立が認可されると、信州と隣接するというのみでなく、甲州道中あるいは佐久往還平沢通りを通して、信州の中馬稼ぎと密接不可分の関係にある山梨県では、三月これについての廻文を甲府柳町より各駅に出した。それに別紙として「中牛馬并郵便之義建言」を添付したうえで、中牛馬会社の設立を知らせ「当管内迄モ物貨運送可致筈ニ付都而深切ニ取扱、衆人之便宜相成侯様厚ク相心得、不都合無之様可致侯」と、駅逓寮からも達せられている旨を書き添え、中牛馬稼ぎに対する取り扱い方の注意を喚起している。したがって、山梨県管下各駅陸運会社設立の申請の出された同年二月はもちろん、高橋平右衛門が上京して、中馬運送会社の出願をした同年六月の段階では、信州などにおける中牛馬会社に関しては、充分承知したうえで、中馬運送会社設立の出願がなされていたと考えられる。

以上のような状況の下に提出された「中馬運送会社」設立の願書であった。この願書によれば、高橋平右衛門は、従来より商人の荷物請継を行ってきた者として、駅法の改正の中で中馬運送についても改善の必要を感じ、甲府柳町陸運会社と合併し、陸運会社の組織・運営に倣って、中馬運送会社を設立したく、柳町陸運会社総代名主・問屋の旧宿役人らもこの合併に同意する、という内容であった。

高橋平右衛門も、この柳町陸運会社の総代の一人であり、連判している名主輿石宗三郎もまた同じ陸運会社総代の一人であったから、これに合併の同意者三名を加えると、柳町陸運会社総代一一名中約半数の五名の者が、中馬運送会社設立と陸運会社との合併に同意したことになった。高橋平右衛門の出願の形をとってはいるが、中馬運送会社設立は、いってみれば柳町駅首脳層の多数の意志でもあった。

柳町駅では、どうして中馬運送会社と陸運会社との合併の同意がいとも簡単に行われたのだろうか。その理由は、次のように考えられる。陸運会社は、問屋による貨客の宿継ぎを主たる営業内容とし、中馬運送会社は、中馬荷物の請継ぎ附通しを営業内容とするが、本来これら二社の営業は、ともに甲府柳町駅固有の貨客運輸のための重要な機能であった。すなわち、本来一体であったこの機能は、重要なるゆえに二分することは不可能に近かった。しかし、先述のように維新期東征の混乱の中で、御用荷物継立の遅滞混乱を避けることを理由に、明治二年以来中馬荷物も含め売荷物の請継ぎ業務を分離し、高橋に一任してきた経緯があった。そこで、政府の強力な指導勧奨によって陸運会社設立にあたり、他方、中馬運送会社も設立し、両者を合併させ、柳町駅の本来的な継立機能を従前に復し、保っていけるようにしようと考えたのであろう。

この中馬運送会社設立についての出願をうけた山梨県は、高橋平右衛門と柳町駅役人で陸運会社総代の者たち——合併同意書に署名した深沢ら三名であろうか——を直接に駅逓寮に出願させた。その結果、高橋らは同年七月九日同寮によびだされ、出願の件につき種々話し合いが行われたが、ついに結論が出ず、出願を一時保留し再出願したいからという高橋からの願書が出され、高橋はいったん甲府に帰った。

高橋が、なぜ出願を保留して甲府に帰ったか明らかでないが、次に掲げた高橋がその際駅逓寮へ提出した帰町願いが、その間の事情の一部を物語っている。これによると、駅逓寮の行政指導にもとづいて、国元の中馬運送会社設立の同志たち数名および中馬稼ぎの者たちと相談のうえ、高橋個人の出願でなしに、これらの人々の同意を得たうえで、連印をもって会社設立について再出願したい。そして合併の件についてはこれらの人々と相談のうえ、信州の中牛馬会社へ合併するのか、それとも最初の出願の通り柳町駅陸運会社と合併するのか、いずれかに決定して出願したいと考えるので、いったん甲府に帰ることを許されたいという内容であった。

これを裏づけるものとして、七月一〇日の駅逓寮の寮議での決定にもとづき、駅逓寮から山梨県への回答案に記されている「本人願書并規則等取調候処、不充分ノミナラズ見込相違之儀モ有之候間、夫々説諭ニオヨヒ候」とは、中馬運送会社を設立することに同意する同志への働きかけや意志確認、同じく中馬稼人に対する働きかけや協力を求めることについての不充分さ、そこから生じた規則申合せなどに見られる不完全さ、さらにこれらの人々の署名捺印などのない書類上の不備等々を指すのであろう。それに加え、中馬運送会社を創業して柳町陸運会社と合併するよりは、信州の中牛馬会社の中でも密接不可分の関係にある諏訪・小諸などの中牛馬会社と合併する方が有利ではないか、という駅逓寮の指摘と指導とがあったのであろう。

そうであるならば、高橋平右衛門が、再出願の準備のためいったん甲府に帰ることになった理由は、駅逓寮の指導にしたがって、中馬運送会社設立の同志を募り、それら同志の協力を得るとともに、中馬稼人を中心とした関係各駅の運輸関係者との協議を重ね、事前に充分な了解を得、規定化するためであった。そして、これらの人々と話し合い、柳町陸運会社と合併して、中馬会社として独自の道を歩むか、それとも、すでに駅逓寮より認可も受け、開業を目前にしている信州の中牛馬会社と合併するのがよいか、その結論を出すためであった。

このようにして、五年六月に提出された中馬運送会社の出願は、ついに日の目を見るに至らなかった。その後、同年一〇月になり再出願のため、高橋平右衛門は前回同様上京し、駅逓寮に出頭して種々説明したが、これまた前回同様駅逓寮により許可が保留され、次の機会を待たざるを得なかった。このため、翌六年二月、関係者が甲府に集まり中馬運送会社の設立案を練り、三度その出願に踏み切ったのであった。

三度目の出願に際しては、中馬運送会社の名称を「甲斐国中馬会社」と改め、関係者の胸中には、相当な決意があった。この際の出願書類のうち、「甲斐国中馬会社定款」の冒頭にいうように、その目的とするところは「即今商業開盛ノ時ニ際シ、駅路ノ便宜無クンハアル可ラス、因テ甲斐国人民中馬運送稼ヲ以運輸ノ弁利ヲ開カント要ス」と、「中馬運送会社取建願」には見られなかった調子の高いものであったし、駅逓寮に出願のため出向く高橋平右衛門に託した山梨県の稟議書も、きわめて強い調子で中馬会社の設立認可を求めるものであった。それによると、山梨県側も出願について調査検討してみたが不都合の点はない。運輸の便利を考えて出願したとはいえ、実際に施行してみないことにはそれはわからないのだから、駅逓寮で調査検討して不都合の点がないならば、一年間の試験的営業を認めてほしいという内容であった。

この出願の際に提出された「中馬会社賃銭并規則書」・「中馬会社申合書」・「甲斐国中馬会社定款」のそれぞれを調査検討した駅逓寮は、いかなる部分か不明であるが「尚不都合ノケ条ハ添删ヲ加へ」たうえで即日、甲斐国中馬会社設立の認可を与え、この旨、翌二月二三日付をもって山梨県側に知らせてきたのであった。

このようにして創業に至った「甲斐国中馬会社」の性格は、先述したように、単に中馬運送会社と称していた最初の出願の段階から大きく発展したものであった。その当初は、「中馬運送会社取建願」にもあるように、従来より商人の荷物受継を行ってきた者として、駅法改正にともない、中馬運送稼ぎも改善の要を感じるので、陸運会社に合併し、陸運会社に倣って中馬会社を設立したいという、多分に受動的で、近世以来の問屋的立場を維持していこうとする性格のものであった。しかしそれに対して、甲斐国中馬会社出願の段階にいたると、その間の度重なる出願を通して、維新以後、次々に運輸制度を革新しようとする駅逓寮の強力な指導を受け、中馬会社は、性格的にも成長し、制度組織的にもより整備されたものになっていった。

そうした変化は「甲斐国中馬会社」と、甲斐国の三字を冠したところにも読みとることができる。当初の出願の際、信州の中牛馬会社への合併か、柳町駅陸運会社への合併か、いずれを選ぶか再考を迫られたことは先述の通りであるが、しかしこれについては、信州の中牛馬会社へ合併せず、甲斐国の中馬会社として独自の道を選んだ。そこには「甲斐国人民中馬運送稼ヲ以運輸ノ弁利ヲ開カント要ス」という固い決意と、甲府柳町駅から甲斐国、さらには全国に及ぶ視野の広がりをもち、信州の中牛馬会社と決別し、独自路線を進もうとする強い意志を感じさせる。

こうした視野の広がりと性格の変化は、出願者について見てもいえることである。当初の出願者は、高橋平右衛門、輿石宗三郎両人とも柳町陸運会社総代であったから、いうならば内輪の者たちであった。しかし、甲斐国中馬会社出願者の場合、河西九郎須、平賀源五左衛門、渡辺半兵衛、富田右内、岡部荘兵衛の五名は、いずれも山梨県内の区長・戸長層であり、甲州道中各宿駅の問屋・年寄層の系譜を引き各駅陸運会社総代に名を連ねる者である。また小林与左衛門、水上代右衛門、高山仁兵衛の三名は、いずれも同社に属する中馬稼人の総代であった。それぞれその出身は山梨県下の広い範囲にまたがっていて、広く中馬稼ぎを含む駄賃稼ぎ人たちを再編しようとした、高橋平右衛門の当初からの意図を結実させたものであった。しかも、高橋平右衛門はこれらの出願者としてだけでなく、別に甲斐国中馬会社企望人として願書最後に名を載せ、まったく独自な立場でこれに加わっていることが注意を惹くところである。

こうした性格の変化は、陸運会社との合併についてもいえることであった。すなわち、甲斐国中馬会社にあっては、当初合併する方針であった甲府柳町陸運会社のほか、下教来石《しもきょうらいし》、韮崎、駒飼、初狩、犬目の都合六カ宿の各駅陸運会社と合併することとし、それぞれの総代による合併承諾書を添付している。これらの陸運会社は、いずれも甲州道中のものであるが、これら各駅陸運会社と合併することによって、甲州をほぼ東西に貫通する甲州道中のうち、甲州の全区間の貨物輸送を掌握することを可能にし、中馬附通しのための中継地が確保されることになった。

もう一つ、甲斐国中馬会社になって加えられその性格を当初と大きく変えたものは、原社《もと》・分社の考え方であった。これは、当初にあっては、東京・八王子・上野原・猿橋・谷村・小田原・沼津・御殿場・上吉田・上諏訪・金沢・高遠などまでの賃銭をあげ「右最寄何レノ土地ニテモ表面之割合ヲ以テ賃銭請取無差支運送可致候」と記され、これら各地への輸送を行うにしても、特定な土地に分社をおき、何カ所かの分社を原社が総括する考えはなかった。しかし甲斐国中馬会社の段階となると、「原社ヨリ各地分社へ往復共牽通ス」ことを本業とし、「甲府以東ノ分社ヨリ同以西ノ分社へ運送ハ、甲府元会社ニテ検査可請事」と定めた。そして、甲府柳町に原（元）社をおき、県外の要地である東京・神奈川・小田原・沼津・上諏訪・高遠・小諸に分社を設けて創業したのであり、原社を中心とした集権的性格をそこに見ることができるのである。

## 三　駄賃稼ぎの変質

明治維新における交通運輸制度の変革は、すでに述べたように各駅陸運会社や中牛馬会社・甲斐国中馬会社の創業をもたらし、当然のことながら駄賃稼ぎの変質を引き起こした。たとえば、街道筋での人足・駕籠昇・駄賃稼ぎの馬士らは各駅陸運会社に所属する「往還稼人」として、何がしかの鑑札料を払い鑑札を得て往還稼ぎが可能になった。そのことは、中牛馬会社や中馬会社の駄賃稼ぎたちについても同様であり、それぞれ所属する会社の鑑札なしには往還での稼ぎが不可能となり、会社に所属することにより、会社の強い統制の下でしだいに変質を余儀なくされていったのであった。

この柳町駅にあっても、継立機能を直接的に担うものは、いうまでもなく駄賃稼ぎたちとその馬とであった。これは陸運会社では「往還稼人」であり、中牛馬会社では「中牛馬稼人」にほかならない。中馬運送会社出願にあたっては、中馬稼人を主たる対象にした「申合書」が添付されたが、その内容を見ると、「陸運会社申合書」に類似し、中馬運送会社において直接運送に従事する中馬稼人と、陸運会社にあって宿継の運送にあたる往還稼人との間には、規定上にさしたる違いがないものになっていた。

近世にあっては、このような往還での諸稼ぎは、幕藩権力によって往還宿駅の継立義務の代償として、各宿駅人馬負担者に許された特権であった。このために甲府での「付出銭」や「小出札」の特権が人馬役のものに認められていたのであり、このため中馬附通し荷物も「付出銭」相当分の支払いが慣習となっていた。また明治六年飯田中牛馬会社の鑑札発行をめぐり起きた争いは、中馬稼ぎは明和の裁許以来自分たちに認められた固有の特権であるから、鑑札は不必要とする中馬仲間と、新政府駅逓寮により鑑札発行を認可されたことをもって、中馬稼ぎたちを屈服強制しようとする会社側との争いであった。この双方の争いの激しさは、駅逓寮をして筑摩県側に「一切入社差止」を命じる措置を取るしかなかった。そのために、筑摩県での中牛馬会社の活動は中断されることとなり、これが復活したのは筑摩県が長野県に統合された明治九年以降とされていることは先述の通りである。

この時期になると、もはや旧幕以来の明和の裁許は、中馬稼ぎに対する特権的効力を失い、明治新政府の新しい権威と秩序の中で、変容を強いられる状況となっていたのであった。

このような状況の中で創業された甲斐国中馬会社は、分社を筑摩県下の上諏訪・高遠や小諸にまで設置し、発展の時を迎えていた。しかし、ここでもまた中馬稼ぎたちへの統制はきびしいものがあった。そうしたものの一つに荷物為替金立替敷為替金制度があった。

そもそも近世中馬稼ぎとよばれる運輸方法には、各宿駅の問屋によって行われる宿継と異なった、いくつかの特質と利点があった。すなわち中馬稼人は、荷主の依頼をうけた荷間屋より荷物を委託されると、荷問屋と相対運賃を定め、荷主・荷問屋・送り先の宛名・品名・数量・運賃・敷金など必要事項を記載した送り状を受け取り、荷物についての保障金である敷金を委託者に支払い、宛先の荷受人の許まで附通して荷物を運び、そこで敷金と運賃を受けとり、無事、一回の輸送の仕事を終える。こうした運送方法が中馬稼ぎの一般的なものであったが、中馬稼ぎは、一鼻綱数頭の馬により附通しを行うため、宿継に比較して、運賃が廉価であり迅速・確実なうえ、敷金により積荷に対し保障が行われるため、これを利用する者にとってはきわめて好都合なものであった。

こうした特色の中でも敷金制度は、積荷に対する保障制度としての意味合いのほかに、荷主が委託する商品の売り主であった場合には、委託して敷金を受け取った段階で、それをもって商品代金の一部が回収されたと同様の意味があったから、敷金の額いかんでは、資金の回転を早める結果となった。このため小資本の仲買たちには非常に重宝がられ、それがまた、敷金制度をもつ中馬稼ぎが利用される理由にもなっていた。それゆえに中馬稼ぎの敷金制度は、近世以来中馬稼ぎにとってきわめて重要な意義をもっていたから、これが甲斐国中馬会社によっていちはやく営業に取り入れられることは中馬会社にとっても、中馬稼ぎたちにとっても、きわめて大きく重要な意義をもっていた。

この甲斐国中馬会社の敷為替金については、「中合書」第六条に中馬稼ぎたちに代わり中馬会社が行う旨が記載され、「賃銭并規則」では、中馬会社が荷主に対し行う敷為替金の額、敷為替金の適用除外、敷為替金の金利などについて、第六則から第八則に定めている。また「定款」では、会社内における敷為替金の決済、敷為替金の資金不足の際の処置などについて、第七則より第一一則までにそれぞれ定めている。これらについて総合してみると、次のようなことがわかる。

①中馬稼人は、敷金の準備を必要としない。
②敷金は、会社がこれを為替で行う。
③敷為替金の対象品目は腐敗のおそれのないものを対象とし、敷金の額は代金の半額までとし、敷金の金利は一カ月二厘を荷主より徴収する。
④分社間、または分社と原社間の敷為替金の決済は、荷物発送会社より荷物受取会社への積附書による連絡を受け、一カ月を限って行う。
⑤荷主へ敷為替を組むための入費等は、荷物発送会社の負担とする。
⑥敷為替金を必要とする荷物の発送量が増し、必要資金の不足を生じた場合は、社中で相互に出金に協力し、輸送に遅滞をおこさないようにする。
⑦敷為替金の不足に対する出金の金利は、荷主より徴収する金利二厘のうち、一厘五毛を出金者に支払い、五毛は会社積立に組み入れる。

右の諸点は、敷金制度が現金から為替に変わるとともに、中馬稼ぎたちの手中を離されて、完全に甲斐国中馬会社の手中に納められてしまったことを示している。これによって、甲斐国中馬会社は、単なる貨物の受継問屋の域を脱して、一種の金融機関的な性格を併せもつとともに、中馬稼ぎのもつ特質と利点を吸収し、独自性のある中馬稼ぎたちを、運輸労働者的存在として、会社の機能の一部に組み入れることに成功したといえる。このことにより「今般旧弊ヲ洗除シ、正実ノ稼ヲ営ミ、自然ノ幸福ヲ得ンカ為メ、甲斐国中馬会社ヲ企候儀ニ付、各勉励規則ノ通稼可致」(「中馬会社申合書」前文)と申し合わせた中馬稼人たちは、中馬稼ぎの伝統を捨て、運輸会社の馬稼人に変わるところのない存在に変質を強いられたのであった。

これは本来中馬稼ぎたちが、街道宿駅での単なる駄賃稼ぎとは異なり、その資金力を背景に敷金をもって信用を得、仲買的な資金運用もはかる経営的能力を備えていた点からすると、まことに不本意な結果であったということができよう。しかし、このような本来的な中馬稼ぎだけではなく、他方では、資金力が乏しく駄賃稼ぎのみに依存する、より多くの中馬稼ぎやこれに類似する牛馬稼ぎたちを、時代が下がるとともに輩出してきたことも事実であった。このような資金力に乏しい中馬稼ぎたち、あるいは明和の裁許以来、中馬を名乗ることが許されなかった甲州や信州佐久郡などの駄賃稼ぎたちを組織化していったという点では、高崎中牛馬会社・甲斐国中馬会社、信州各地の中牛馬会社創業の意義は大きいものがあったといえよう。

# 終　章　車輌の復権と駄送の衰退

近世陸上交通における駄送依存の状況は、明治期に至り荷馬車などが普及していく時期まで、一般的には変わらなかった。

とくに山間で険阻な本州中央内陸部にあっては、道路状況が悪く車輌の使用が阻害されたため、全面的に駄送に頼らざるを得なかった。しかし、近世における車輌の使用は、広く見れば皆無というわけではなく、江戸など三都をはじめとする城下町などでは、道路も整備され大八車・牛車などの車輌が使用されていた。しかし街道筋での輸送車輌の使用例は、中世馬借・車借の伝統をもつ東海道大津～京都間の牛車のみといってよく、街道での車輌使用を禁じていた幕府が、諸街道でその使用を許可するのは、文久二年（一八六二）のことであった。この車輌使用の解禁は、やがて牛馬の牽引する荷車・乗用馬車や人力による乗用車・荷車などの使用へと発展し、しだいに普及していった。この車輌——とくに牛馬車の街道での使用許可は、従来の駄送に代わる画期的な意義をもち、その後の街道での車輌の普及は目覚しいものがあったが、しかし、それはひとえに道路条件に左右された。とくに平坦地の乏しい山間部にあっては、その後もなお牛馬背による駄送が優位であり、とくに長距離輸送での駄送は重要な輸送手段として、鉄道の普及後までその地位を保ちつづけたのであった。

この馬車輸送の登場は、横浜開港後外国人により横浜と江戸の外国公使館との間を結ぶ、非営業のものを嚆矢として始まった。日本人による馬車営業の始まりは、明治二年二月横浜の川名幸左衛門ら八名により出願された横浜—東京間の乗合馬車営業が最初であったが、当時のことは詳細に伝えられておらず、不明の点が多い。しかし、これに対し『駅逓明鑑』に記載された次の各馬車会社については、かなり詳細に知ることができる。明治三年九月に出願され、同五年五月頃営業を開始したとされる中山道郵便馬車会社、同年一〇月八日営業開始の東京宇都宮間馬車会社、同年一〇月二五日営業開始と考えられる甲州街道馬車会社、同年一一月営業開始の京都大阪間馬車会社などがそれである。

これら馬車会社は、乗客のほか郵便物や一般貨物も輸送していたが、このうち中山道馬車会社については、すでに中牛馬会社の創業に関し先述した通り、中牛馬会社を併設創業して高崎以遠の郵便逓送はもとより、諸荷物輸送に携わっていった。

このようにして発展を始めた馬車会社と、中牛馬稼ぎなどの近世以来の駄賃稼ぎとの関係は、馬車会社の発展にともなって、当初の補完関係からやがて競合関係へとしだいに変化していった。とくに陸運元会社が六年六月、殖産興業政策の下で布告第二三〇号により、事実上の独占権を得て、各駅陸運会社・中馬会社などを合併しながら全国的運輸機構の確立を果たし、八年二月社名を内国通運会社と改称していくようになると、それらとの関係を複雑にしていった。

陸運元会社はさらに明治七年、東海道筋東京・小田原間の郵便物の馬車輸送を開始し、翌八年一一月これを熱田に延長、九年八月さらに京都まで延長した。そして一二年東京—高崎間での一般貨物輸送を始め、ついに一四年四月からは「今般更に荷馬車の一業を相増」、東海道筋東京より大阪間片道七日をもってする往復荷馬車輸送を開始し、しだいに荷馬車輸送の範囲を広げていった。これにより馬車輸送は、陸運元会社はもとより各地の馬車会社の手により急速に拡大していった。

『日本帝国統計年鑑』によると、この時期の馬車所有台数の増加は、まず東京に始まり、関東各県とこれに隣接する福島・宮城と長野・山梨の各県できわめて顕著であったことがわかる。また輸送用の車輌の増加は、荷馬車のほかに牛車・荷車の普及増加も考慮する必要があり、これら各種車輌の増加によって駄賃稼ぎは、主要街道よりしだいに駆逐され、その活動の範囲を狭めていった。そのような車輌輸送の発展は、牛馬による駄賃稼ぎの変質を引き起こしていったことは当然であり、甲斐国中馬会社にその例を見ると、次のようである。

甲斐国中馬会社にあっては、創業当初、「定款」第二則において、「中馬運送ノ儀ハ附通シ稼ニ付原社ヨリ各地分社ハ往復共牽通スヲ以本業トスヘシ」と定めていた。しかし、一五年改正の「規則」第一条では、「当社ハ公私ノ別ナク、凡百ノ貨物各地ヘ輸送スルヲ業トス」とのみうたい、中馬輸送の特色である原社・分社間を「往復共牽通ス」附通しに限定していない。この点をよりいっそう明白にしているのは、やはり同年に改正した「分社規則」である。その第一条では、「分社ハ本社ト同ジク貨物運搬ノ継立ヲナスヲ以テ本業トス」と定め、さらに第六条ではこれを具体的に、「荷物運送ノ種類ヲ分チ通シ荷物継立荷物ノ二種」として、「継立」を新たな業務内容として加えたのであった。すなわち同社の諸荷物輸送は、目的地までの往返附通しと同時に、分社間・分社本社間の継立も行うことにしたのであり、このことは、中馬稼ぎたちが本来特色としていた「附通し」にこだわらず、諸荷物一般を運送する「運送取扱業者」に同社が変身したことを物語るものであった。

このような会社の基本方針変更の直接的原因は、一一年一〇月二八日に提出され、同月三一日に許可となった甲府原社—東京出張所間における定便開設であった。この定便とは、毎月一日を初発とし隔日奇数日ごとに甲府の原社と東京出張所双方を出発、最も早い附通しの場合この間を三泊四日間で結び、五日目早朝にそれぞれの地域で届け先に配達されたが、この三泊する場所は継立所でもある笹子・鶴川・八王子の三駅であった。

この定便の開設のねらいは、積荷の有無・晴雨に関わらず運行することにより、輸送の速度・確実さの向上をはかって、顧客の信用を得るところにあった。それはひとえに甲州街道馬車会社の八王子進出に代表されるような、街道での車輛利用の普及を意識しての対応であった。しかし、このような会社の対応の中で、他方では中馬会社の輸送現業を担う駄賃稼ぎたちは、しだいに中馬稼ぎ以来の伝統を失い、自主性を奪われ、その自由な活動を拘束され、より一層その変質を迫られていった。

筑摩県での飯田中牛馬会社の創業をめぐり、旧中馬荷問屋の系譜を引く会社と中馬稼人たちの激しい争いについてはすでに見たところであったが、これは旧幕時代の明和裁許の中馬特権の縮小への反発であった。たしかに筑摩県下は信州諏訪郡・伊那郡・筑摩郡など中馬稼ぎの最も中心的な地域であり、中馬稼ぎたちは仲間組織をもち、社会的にも大きい発言力をもっていた。しかし、明治新政府の下で宿駅制は廃止され、明治六年の布告第二三〇号以来、駅逓頭の免許を受けたもの以外の私的運輸業が禁止されていく中で、運輸会社に所属しないものの駄賃稼ぎは、この点からも困難になっていったのであった。

このような状況に至るまでの中にあって、駄賃稼ぎたちも、明和裁許の当時とは大きく変質してきていた。それは駄賃稼ぎとはいえ荷為替を組むほどの資金力をもち、輸送請負のみでなく自己資金をもって仲買的行為も行うような者から、そのような中馬稼ぎの下で馬を預かり、駄送に従事するような者まで、さまざまな階層に分化してきていた。そして、営業形態も自宅を中心に比較的近距離を往返する純然たる「駄賃稼ぎ」・「マクリ」などとよばれる者から、尾州・信州・江戸をはじめ諸国にまで広範囲に往返する営業鑑札を得て、広域での輸送に従事するものまで、多様な形態を含んでいた。

このような中でもとくに近距離を往返するものたちは、往還での駄送を稼ぎの場として生活を維持しているため、規模も小さく、街道での諸荷物を取り仕切る宿駅問屋や各種荷問屋の強い支配を受ける立場にあった。このことは、明治期になっても本州中央内陸部での輸送は依然として駄送に依存していたから、宿駅問屋や各種荷問屋が、各駅陸運会社や中牛馬会社に代わっても、往還稼人的存在としてそこに組み込まれ、こうした状況は変わることはなかった。

このようなことから、「往還稼人」として各駅陸運会社や中牛馬会社に加入した駄賃稼ぎたちの多くは、駄賃稼ぎの中の階層分化の進行とともに増加してきた、営業規模も小さく、比較的近距離を往返するものが中心であった。とくに隣宿までの継送りを業とする各駅陸運会社にあってはそのようであった。

しかし、中牛馬会社では附通しが主たる業務であったから、各駅陸運会社とは様相を異としていた。とくに甲斐国中馬会社では、近世後期から甲府以東の甲州街道で行われ始めた、数宿駅を附通してそこで継立て、さらに数宿駅を附通して継立るという、中遠距離的附通しともよぶべき方法を踏襲していたから、比較的近距離を往返する駄賃稼ぎたちの人数は社内に多かったと考えられる。このことから資金力の乏しい中馬駄賃稼ぎたちを多く擁する甲斐国中馬会社は、敷金制度を会社が行うこととしたが、このことは、いっそう駄賃稼ぎたちの会社への従属性を強め、資金力のある中馬稼人たちの自由な資金運用を阻む結果となり、こうした資金力のある者たちの会社からの離反を生む結果となった。

このような資金力ある自立性の強い中馬稼ぎたちの会社への反発は、先の筑摩県の飯田中牛馬会社の例に見たが、自立性の強い駄賃稼ぎたちは、車輌の普及の中なお活躍がつづき、この地域に幹線鉄道の普及していく明治三〇年代以降次第にその姿を消していったのであった。

なお信州での中牛馬会社の命脈は、昭和一七年（一九四二）戦時統制下、日本通運会社に統合されるまでつづいたのであった。

# 参考文献

伊村吉秀『近世東三河の水産物流通』(岩田書院、二〇〇四年)
太田勝也『近世における駄賃稼ぎと商品流通』(御茶の水書房、一九七八年)
亀井千歩子『塩の道・千国街道物語』(国書刊行会、一九七六年)
北島正元編『近世の支配体制と社会構造』(吉川弘文館、一九八三年)
木下　良『道と駅』(大巧社、一九九八年)
交通史研究会編『日本近世交通史論集』(吉川弘文館、一九八六年)
古島敏雄『信州中馬の研究』(伊藤書店、一九四四年、『古島敏雄著作集』第四巻、東京大学出版会、一九九五年)
『江戸時代の商品流通と交通』(御茶の水書房、一九五一年)
齊藤俊彦『轍の文化史』(ダイヤモンド社、一九九二年)
篠原　宏『明治の郵便・鉄道馬車』(雄松堂出版、一九八七年)
田中啓爾『塩および魚の移入路——鉄道開通以前の内陸交通——』(古今書院、一九五七年)
富岡儀八『日本の塩道——その歴史地理学的研究——』(古今書院、一九七八年)
原　直史『日本近世の地域と流通』(山川出版社、一九九六年)
平川　新『近世日本の交通と地域経済』(清文堂出版、一九九七年)
文化庁文化財保護部『中馬の習俗』(『民俗資料選集』五、国土地理協会、一九七七年)
文化庁文化財保護部『中付駑者の習俗』(『民俗資料選集』八、国土地理協会、一九七九年)

村瀬正章『伊勢湾海運・流通史の研究』（法政大学出版局、二〇〇四年）
山本弘文『維新期の街道と輸送』（法政大学出版局、一九七二年）
渡辺和敏『近世交通制度の研究』（吉川弘文館、一九九一年）

# あとがき

ここで取り上げた駄賃稼ぎへの関心は、かなり古くからもっていた。その最初は古島敏雄先生の『信州中馬の研究』であったが、先生の著書を読む限り、先生御出身の信州飯田を中心として、そこに残された史料をもってする伊那谷（三州往還）を中心とした考察分析が主であって、その周辺部の解明については、いささか物足りなさを感じたのは、まことに不遜の極みであった。

先生は、一九五一年に出された『江戸時代の商品流通と交通』では、前著『信州中馬の研究』を残念ながらそのままの形でそこに取り入れざるを得なかったことを述べられ、旧著後記で「更に各地馬背運輸業の検討によって、充実することを約した」と書かれている。そして、すでに栃木県那須地方、奥州道中脇往還である関街道、信州東北部佐久地方には多くの関係史料のあることを知り、また甲斐郡内地方と沼津・三島を継ぐ中馬稼ぎについても、同僚の明らかにしたもの（『山村の構造』の記述）がありながら、その方面での充実を果たせなかったことを嘆かれている。

このことは、終戦間もない頃の社会経済情勢のもとでの研究状況を考えると、先生の苦衷は察するに余りある。ここに出版後半世紀を越えた今、壊れそうな同書を手にする時、先生はこんな形での『信州中馬の研究』の再版は心中忸怩たるものがあっただろうと推測でき、このことを果たせないままに不慮の災害に生涯を閉じられた先生の御冥福を祈らずにはいられない。

そのことはさておき、この名著『信州中馬の研究』のもつ欠点は、先生も指摘された通り、研究の対象範囲が伊那谷に偏り、広く信州中馬の活動範囲に及ばないことであり、先生の言われる「各地馬背運輸業の検討」も不充分のまま今日に至ってしまったことであった。

このような状況のもとで、先生の仕残された「各地の馬背運輸業の検討」を少しでもできないものかと折りあるごとに考え、フィールドワークである近世甲斐国の研究を進め、『甲府市史』・『都留市史』・『富士吉田市史』あるいは『山梨県史』などの編纂・執筆に携わる中で、関係史料を求めてきた。そのような関係史料のうちでも、とくに本文中にも登場する萠沢宿については、多くのものを得ることができた。この文書群の閲覧は、これを所蔵する旧萠沢宿問屋志村政文家のご好意によるものであり、多くの援助を頂き、感謝のほかない。

このようにして、古島先生が念願されながらも果たしえなかった点について、いささかながらも新しい成果を積み重ねることができたと考えているが、それ以上に先生が念願された「各地の馬背運輸業の検討」は、今新しい段階に入り、多方面にわたる研究の進展を迎えている。次にその一端を紹介したい。

中馬については、長野県下でも、二〇〇二年一月諏訪市立博物館が企画展『馬が語る』を開催し、その中で「江戸時代の伝馬と中馬」についてとりあげている。また同県飯田市美術博物館が新たに見つかった『中馬街道図』（浪合村、千葉一悳氏所蔵、小池貞彦「中馬慣行と三州馬との紛争について――新資料中馬街道図を中心にして」『飯田市美術博物館研究紀要』第一三号、二〇〇三年）の展示を行うなど、新しい研究の動向が見られる。

他方、信州中馬に対抗した「三州馬」については、伊村吉秀（『近世東三河の水産物流通』岩田書院、二〇〇四年）の研究が発表され、中央内陸部への水産物輸送を軸に論じている。そして、これと同じく三・尾州方面からは、村瀬正章（『伊勢湾海運・流通史の研究』法政大学出版局、二〇〇四年）が、伊勢湾海運との関連の中で中馬について論及し、海運・河川水運・駄送を結ぶ流通の問題を明らかにしている。

また原直史（『日本近世の地域と流通』山川出版社、一九九六年）は、駄賃稼ぎは内陸山間地帯のような限定された地域のみに展開するものではないとして、その面的把握を目指し、上下両総にまたがる地域を研究対象に駄賃稼ぎついて議論を展開した。その結果この研究に刺激され、同地域での駄賃稼ぎの研究は他の研究者たちを巻き込んで進められており、商品流通の問題とも結びつき多様な成果をあげつつある。

さらに研究は歴史学の分野のみならず、民俗学の分野からも進められており、庶民交易史の観点から胡桃沢勘司（『西日本庶民交易史の研究』文献出版、二〇〇〇年）による「畜力運搬」・「馬背輸送」の調査と分析などの諸研究成果も挙げることができる。それは書名からもわかるように「西日本」を研究対象としたものであり、東日本を中心とした駄送の研究に対応した成果として注目される。

内田龍哉は「水運史研究をめぐる諸問題——関東地方を中心として——」（『交通史研究』三八号、一九九七年）の中で、関東平野のような水運の発達した地域にあっても、駄送の果たした役割を再評価すべきであると指摘している。この指摘は、水運史を狭い「交通史」の枠組みを越え、広く近世社会の中に位置づけることを説くものであるが、前述のような駄送・駄賃稼ぎの最近の研究動向をみると、そうした研究の方向へと確実に進みつつあると言える。これを見るとき、古島先生の蒔かれた種が、ここに来て新しい芽を伸ばし始めていることを実感するのである。

本書の執筆のお話を頂いた一九九七年はまだ大学にあって、折からの「大学冬の時代」への対応に日夜追われていた。このため駄賃稼ぎについて書いてみたいというお話はしたものの、時間のないのを理由に、定年退職になったら書かせていただきたいと申し上げたのであった。

その後二〇〇一年三月、その時を迎えたが、少し書いてはというような状態がつづき、思うように筆が進まないままに時間が過ぎていった。昨夏となって怠惰な自分に鞭打って、同成社々主山脇洋亮氏に一二月校了をお約束した。このように校了を宣言することにより、一気に筆を進め、一二月半ばには校了して原稿を同氏にお送りすることができた。これもひとえに氏が心暖かく待っていてくださったお陰と、心から感謝している。また本書では図版や表なども割合多く、編集担当の工藤龍平氏には大変お世話になった。付記して感謝申上げます。

二〇〇五年二月

増田廣實

# 商品流通《しょうひんりゅうつう》と駄賃稼《だちんかせ》ぎ


**著者略歴**

増田廣實（ますだ・ひろみ）

1930年　長野県に生まれる。

1960年　東京都立大學大学院人文科学研究科修士課程終了。

現　在　交通史研究会会長。山梨県史編纂専門委員。

主要編著書

『交通・運輸の発達と技術革新』（共著）東京大学出版会、1986年。

『歴史の道再発見』（共著）ホーラムA、1997年。

『山梨県史』・『甲府市史』・『都留市史』・『富士吉田市史』等各近世編の史料編・通史編の編纂執筆。

現住所　〒225-0001　横浜市青葉区美しが丘西3-19-1


---


2005年4月20日発行

著　書　増　田　廣　實

発行者　山　脇　洋　亮

印刷者　㈲　協　友　社

---

発行所　東京都千代田区飯田橋4-4-8　東京中央ビル内　同成社

TEL　03-3239-1467　振替00140-0-20618


---




ISBN4-88621-321-9 C3321